LA VERGINE DEL BOCCO E L'ESPERIENZA MISTICA DELLA VEGGENTE ANGELA VOLPINI

Carlo Bonetti

Tina Benaglio

DEDICATO
A TUTTI I CEREBROLESI
DI QUESTO MONDO

INDICE

CAPITOLO I

NOZIONI INTRODUTTIVE UTILI AL NOSTRO DISCORRERE

Prima nozione

La prima nozione riguarda l'uso che facciamo del verbo "incoemergere". Secondo noi l'Universo è un organismo vivente dove a presiederlo sta il Tutto-Essere-Eterno (senza principio e fine) a cui noi diamo il nome di "Il Vivente". Ed è per questo che sosteniamo che dentro il cammino dell'incarnata sostenibilità della Terra nulla può accadere a caso, bensì tutto *si manifesta* in un disegno teleologicamente ordinato. In cui, appunto, l'Universo è *vitale sistema* da cui la circolarità osmotica della sua natura ha saputo far incoemergere dalle profondità dei mari, lacrima dopo lacrima, perfino le perle.

Un tale convincimento, pertanto, postula che l'apparire di ogni essente all'orizzonte dell'essere sopraggiunga dentro una "incoemergenza". Con questo termine intendiamo prendere le distanze sia dal rapporto di produzione/creazione insito nel darsi di causa/effetto, sia dal divenire-altro-da... come può esserlo il semplice "emergere-da", o l'"emergere-in" (vedi ad esempio il verbo "generare" quando viene usato ad esprimere il "nascere dalla madre", o "nella madre"). Infatti, l'incoemergere di cui parliamo dice "l'emergere-insieme-dentro-a..." che in greco è la *peri-coresi* e in latino la *circum-in-sessio*, ossia, il tutt'uno dell'uno-dentro-l'altro, per cui nulla di ciò che appare all'orizzonte dell'essere vive in un Sé e di Sé, alienato dal Tutto.

Che è quanto hanno compreso i Padri Conciliari Cristiani a Nicea prima e a Costantinopoli poi nel parlare del Dio "Uno-e-Trino". In cui, appunto, il concetto di relazione da "accidente" (quale era nelle categorie dell'Essere in Aristotele) è stato visto da loro, invece, come "sostanza". Per cui l'Unità-Trina di Dio fu definita *cum-substantiata-relatio*, dal momento che l'ontologica natura della "Substantia" dice il permanente e immutabile *star-sotto a sostegno di...*

Di modo che, quando si parla di "cose", esse non *appartengono* al Tutto, ma *sono* il Tutto. Infatti, che ne sarebbe di un filo d'erba o di una foglia al vento se avessero la pretesa di non essere incoemersi nel "Tutto-Universo"? Sia per l'uno come per l'altra, nello starsene nel tutto-a-sé, si presenterebbero come *l'impossibile nulla* o *pura inesistenza*. Intendiamo dire che, nell'Universo, ciò che chiamiamo "cosa a sé" è invece "manifestazione del Tutto-Essere". Di modo che, qualora fiore e foglia di cui parliamo (o uomo e angelo che siano) si presentassero ontologicamente come un tutto "individuale", butterebbero nell'impossibilità dell'esistenza anche quella del Tutto-Essere dell'Universo. E infatti due *Tutto*, quale che sia il livello del loro coesistere, s'annientano.

Come si vede, stiamo parlando del manifestarsi ontologico dell'*Originario* (il Tutto) la cui integrità, eternità e totalità trascende ogni separazione (il prima e il poi del Tempo) e ogni limitazione (il qui e là dello Spazio). Di modo che, secondo noi, ogni essente è manifestazione dell'eterno Essere (che non ha principio e fine) nel suo inesauribile Destino di Verità e Totalità. Sì che ogni essente è, nel suo "è", un eterno (come dice la filosofia di Emanuele Severino). Facciamo presente che abbiamo detto nel suo "è", ossia nel suo apparire, non nel suo appartenere. Dove nel primo caso, a reggere l'apparire è il Tutto, mentre nell'appartenere, a tenere banco è la parte.

Pertanto, nel linguaggio del nostro discorrere, cerchiamo di evitare, per quanto ne siamo capaci, le tristi ombre del nichilismo, nel buio delle quali abita da tempo antico la cultura dell'Occidente. Il che non sarà impresa facile, visto che *in* e *di* quella cultura ci siamo a lungo nutriti (tanto da ritenere di esserne ancora in qualche modo impastati). Comunque sia, al presente, quanto alla storia della nostra personale cultura, ci riteniamo fortunati nell'avere incontrato il pensiero del filosofo Severino, il mistagogo venuto ad indicarci la strada da percorrere per uscire fuori dalla caverna buia del nulla (l'impossibile caverna in cui, come abbiamo detto, vive ancora la folle persuasione dell'uomo occidentale). E di questo gli dobbiamo gratitudine, perché, nell'indicarci le prospettive luminose racchiuse dentro il "Destino della Verità dell'Essere", ci ha fatto capire la contraddizione che vi è nel "denominare" il nulla, dove appunto si ha la pretesa di dare nome a ciò che non è.

Di modo che, almeno sia evidente che, nel nostro dire, guardiamo all'esistenza umana a partire dal "Destino della Verità dell'Essere", ossia dall'inesauribile-eternità-del-Tutto. Per cui, alla luce di un tale Destino di eterna Verità, sia l'"iniziare" come il "compiere" sono concetti che, qualora esistessero, sarebbero l'inimmaginabile pretesa di verità che intende essere tale partendo dall'assoluta non-verità del "nulla".

Seconda nozione

La seconda nozione che intendiamo esporre riguarda il nostro credo filosofico. Racchiuso sinteticamente nei seguenti tre punti.

Il primo punto riguarda l'essere così come è detto dentro l'affermazione "l'Essere-è". Dove si parla appunto della totale integrità dell'Essere. Pertanto la nostra attenzione sarà quella di evitare, nella formulazione delle proposizioni, un qualsiasi verbo che in qualche modo rimandi al nulla, come ad esempio il "creare" quando è detto del "venire dal nulla", così come il "divenir-altro" quando è detto del divenire altro da sé. Noi invece, quanto ai due verbi sopra citati, al posto di "creare" useremo il verbo "incoemergere", e al posto di "divenir-altro", il verbo "sopraggiungere", ossia il farsi avanti del "manifestare".

Il secondo punto sta a dire la logica conseguenza che deriva dall'*Essere-è* del primo punto, e cioè che "l'Essere non può non essere", in quanto è a tal punto se stesso e di se stesso, che non può assolutamente presentarsi (divenire, cioè) altro da sé. Qualora ciò fosse, dovremmo parlare di lui come del "nulla". Pertanto mai presenteremo il possibile come "passare dalla potenza all'atto". L'essere, infatti, è tale solo in quanto è "atto-d'essere", per cui dirlo in potenza è il magico vederlo essere là dove non-è. Di modo che, quando si parla dell'essere come "il passare dalla potenza all'atto" si pretende di dare essere al Nulla.

Il terzo punto riguarda il Tutto: che è l'*Essere in quanto è Tutto e il Tutto in quanto è Essere*. Un concetto che riprenderemo quando, nell'andare a parlare del rapporto tra Uomo e Universo, vedremo che per noi quel Tutto *è-relazione*. E come, esemplificando abbiamo già detto, qualora un filo d'erba ritenesse di poter starsene a sé nell'assurda pretesa di non essere incoemerso *nel* e *dal* Tutto dell'Universo, è quanto mai evidente che la totalità di cui s'arroga è il nulla. L'uguale sorte che avrebbe un Tutto che ritenesse di essere tale lasciando fuori di sé un filo d'erba.

Da ultimo, a mo' di nota bene, facciamo presente che il nulla può solo essere nominato, perché il denotarlo come fosse un qualcosa è pura contraddizione, in quanto si pretende di poter significare un contenuto assolutamente insignificabile, quale è appunto il nulla. È infatti impossibile dare esistenza a ciò che di sua natura è negazione d'esistenza.

Terza nozione

La terza nozione riguarda il liguaggio discorsivo e il linguaggio originario. Il linguaggio discorsivo è il linguaggio parziale razionalmente analitico dell'uomo, mentre il linguaggio originario intende esprimere "l'accadere-in-totalità". E cioè: la narrazione del particolare nel primo caso, l'ostensione intuitiva del tutto nel secondo. E, in effetti, se guardiamo alla diversità dei due linguaggi, vediamo che nel primo la discorsività del linguaggio perviene alla sintesi del proprio dire solo *dopo* aver individuato analiticamente i singoli termini, onde siano logicamente adeguati a quanto s'intende dire. Di modo che nel linguaggio analitico-discorsivo, se s'intende affermare, ad esempio, che il cane è un animale si deve, per dare senso all'identità (sintesi) della relazione tra i due termini (analisi), presentarli in una proposizione, dove l'uno dei due è il soggetto e l'altro un suo predicato, congiunto ad esso dall'accoppiante (copula) "è", che in tal modo compone i due termini, analiticamente differenti, nella totalità di una sintesi.

E infatti, se ad esempio volessimo configurare in lettere alfabetiche la discorsività logica del linguaggio, dovremmo scrivere: A=B, dove A è il soggetto e B il predicato: due termini che sono posti nell'identità-della-sintesi dal segno =, ossia dall'"è" (che ne è la copula). Un dire questo che, come si vede, la fa a pugni con il dire originario teso ad esprimere l'immediata sintesi della compiutezza in cui si manifesta l'uguale-identità del Tutto. Per cui, qualora volessimo configurare in lettere alfabetiche la sincronicità e simultaneità (olografica) racchiusa nell'identità-del-tutto quale caratteristica propria del linguaggio originario, essa andrebbe scritta così: (A=B) = (B=A).

Il che, detto mediante alcuni esempi, si presenta nei seguenti modi.

Supponiamo che a uno di noi, camminando lungo la strada di casa, salti agli occhi una moneta d'oro caduta a terra sfuggendo alle improvvide mani di una persona distratta. A quella vista, l'originario accadere del Tutto di cui parliamo, sta in ciò: l'oro che si presenta giallo (A=B), è anche il giallo che si presenta oro (B=A).

Oppure, altro esempio, è quanto accade ad una lampada accesa nell'oscurità della notte, dove in quel gesto appare, sincronicamente e istantaneamente in un tutt'uno, la coincidenza degli opposti: il buio e la luce.

Ma l'esempio che a noi più è caro è quanto dice l'apostolo San Giovanni agli inizi del suo Vangelo: *Et Verbum caro factum est,* che è al contempo *Et caro verbum facta est*, in cui il divino e l'umano sono manifestazione di una medesima realtà. (Perché se così non fosse, Cristo, vero Dio e vero Uomo, sarebbe un mostro).

Facciamo presente a chi non avesse la fede dei Cristiani, che quanto abbiamo detto di San Giovanni è qui unicamente come esempio linguistico, il quale chiede a chiunque, tanto a chi crede come a chi non crede, l'onestà culturale, la quale vuole che al proprio punto di vista si dia una sufficiente motivazione. Chiedendo in ciò al lettore di vedere il nostro discorrere del divino alla luce di quanto afferma

Eliot in un suo verso: «A noi non resta che tentare, il resto non ci riguarda!».

CAPITOLO II

CHI È ANGELA VOLPINI

Se siamo qui a parlare della Vergine del Bocco e dell'esperienza di cui la Volpini parla nei suoi libri è appunto perché troviamo in quel che dice *l'identità di materia e spirito*. Per cui, è questo il tratto che maggiormente ci interessa del suo dire, cioè il racconto dell'esperienza da lei fatta circa l'identità che vi è tra corpo e mente, tra cervello e anima (o coscienza, che dir si voglia). Facendo tuttavia sapere subito al lettore che, nell'intrattenerci a parlare delle ottanta apparizioni da lei avute della Vergine Maria, lo faremo senza entrare in merito alla veridicità o meno di esse, attenendoci unicamente al testo, ossia a quanto la Volpini scrive di aver visto e vissuto. Il racconto, cioè. Non certo in spregio all'esperienza da lei fatta, ma perché quel che serve al nostro intento è la narrazione.

C'è da dire che la scoperta dei suoi libri coincise per noi con lo studio delle opere del filosofo Emanuele Severino, per il quale, in virtù del "Destino della Verità dell'Essere", vi sarà per l'uomo (quando che sia) il passaggio dall'attuale alienazione del Venerdì Santo alla pienezza di Gioia e Gloria che s'addice ad una Pasqua di Resurrezione. Cioè la Gioia della Gloria che ontologicamente s'addice all'Essere allorché, nella sua pienezza, sia privo di ogni contraddizione. Ed è questo, né più né meno, quanto la Volpini dice di aver visto e vissuto nel suo corpo dentro la presa mistica delle apparizioni. Ciò che fa dire a Baget Bozzo, nel presentare i suoi libri, che l'esperienza da lei vissuta è l'esperienza del corpo glorioso dell'uomo[1].

---

[1] Facciamo rilevare al lettore che nel parlare delle apparizioni della Vergine

Vedremo quanto la Volpini ci tenga a dire che la sua esperienza fu eminentemente tattile, ossia corporea. E a buon diritto, se stiamo a quanto scrive là dove dice che la Vergine nel presentarsi a lei in carne ed ossa è venuta a testimoniare la sua fedeltà alla terra, come confermano le prime parole da Lei espresse verbalmente: «Sono venuta a insegnarvi la via della felicità sulla terra». Il che fa sì che la Volpini, riassumendo e compendiando tutta la sua esperienza, nell'ultimo capitolo del suo primo libro *La resurrezione di Dio*, scriva: «Ho visto la gloria dell'Uomo».

Ma di fronte a tanta gioia e gloria che viene dall'Alto dei Cieli si vedrà quanto in Terra la Gerarchia sacerdotale cattolica abbia ostacolato e abbia voluto ignorare le apparizioni della Vergine al Bocco. Mentre, se noi siamo qui a parlarne, è proprio perché Essa si è presentata in modo umanamente diverso rispetto alle più quotate apparizioni approvate dalla Chiesa cattolica.

Ad ogni modo, si veda che ne pensa di tutto questo la Volpini: «Riconosco alla Gerarchia l'autonomia di accettare gli eventi che essa vuole, ma non di smentirli, perché ogni esperienza è un'esperienza soggettiva e nessuno vi può entrare per definirla vera o falsa, la si può solo accettare o rifiutare. D'altronde il veggente non dovrebbe ricercare nessuna approvazione perché il valore della sua esperienza è l'esperienza stessa, non l'approvazione di autenticità». (*La Madonna accanto a noi*, p. 108).

---

alla Volpini, abbiamo usato i termini "visto e vissuto", e questo perché, nell'esperienza di una veggente mistica, il vedere e lo sperimentare nel proprio corpo sono tutt'uno. Inoltre, a testimoniare la corporeità della Vergine vi sono le sue impronte lasciate sul terreno (subito trafugate dai fedeli presenti).

Se quanto qui scrive può fare onore a lei, non soddisfa culturalmente quanto ne pensiamo noi. Nei suoi scritti, infatti, vi è un dato che riteniamo assolutamente importante, ed è appunto l'esposizione di una esperienza totalmente sostanziata dalla corporeità del divino. Dove, come s'addice al dire originario di San Giovanni nel suo Vangelo, il *Verbum caro factum est* (il provenire dal Cielo), è il *Caro Verbum facta est* (il provenire dalla Terra). Attestato dalla condizione umana di Cristo, al contempo vero Dio e vero Uomo. Detto questo, veniamo al titolo dato al secondo capitolo.

Angela Volpini nasce il primo giugno del 1940, in una famiglia di contadini, a Casanova Staffora, un paesino dell'Oltrepò pavese. E a sette anni, il 4 giugno del 1947, mentre con dei coetanei si trova al pascolo delle mucche sulle alture del Bocco, ha la prima delle ottanta apparizioni della Vergine, avvenute sempre al quattro di ogni mese. (Salvo talune interruzioni causate dalla segregazione coatta impostale dalla Gerarchia ecclesiale). L'ultima apparizione è del 4 giugno del 1956, quando ha sedici anni.

Le alture del Bocco distano dal paese di Casanova Staffora mezz'ora di strada, tutta in sassosa salita tra i boschi dell'altura. Una distanza che ha il suo importante perché, in quanto, l'anno dopo l'ultima apparizione, la Volpini, nel fondare in paese il Centro culturale "Nova Cana" (quale luogo di libera ricerca sui vari temi racchiusi nella sua esperienza), volle di proposito che esso fosse distante dalle alture del Bocco per tenere separata la Fede dalla Ragione: la Fede su in alto al Santuario, la Ragione giù in basso tra le case del quotidiano.

Ciò che conviene qui annotare è che la Volpini, a motivo delle vicende relative alle apparizioni, non poté andare, negli studi, oltre la terza elementare. E quindi la capacità di pensare e di scrivere che troviamo nei suoi libri non è certo dovuta alla cultura scolastica, ma a quanto ha cavato da sé interpretando e discutendo, in ogni tempo e in ogni dove, quanto dice di aver capito e sperimentato nel vedere Maria. E il suo pregio morale e culturale sta nel non aver mai fatto distinzione, in questa ricerca, tra credenti e non credenti o tra persone di diversa religione, sesso, razza, estrazione sociale. E neppure distinguendo i buoni dai cattivi, a meno che i cattivi non fossero dei prevaricatori, perché con questi ha sempre litigato.

Intendiamo dire che, al di là di ogni valutazione sulla sua fede in Dio e nella Madre di Dio, ciò che più di ogni altra cosa venne a darle intelligenza e cultura fu il suo "sì" incondizionato alla vita, stando imperterrita a quanto dice di aver ricevuto da quelle apparizioni. Si veda ad esempio ciò che a diciotto anni, parlando di sé, racconta in una lunga intervista fattale da Ferdinando Sudati. «Ho avuto la fortuna d'incontrare, *su un piede di parità*, grandi teologi. Questi hanno rappresentato momenti forti per me, anche se non propriamente delle guide. Nel '58, all'"Angelicum" [Ateneo pontificio retto dai padri domenicani], ebbi un colloquio con i padri Garrigou Lagrange, Spiazzi, Boyer e Roschini. Erano tutti consultori del Sant'Uffizio, ma il confronto dottrinale interessava loro personalmente, e il tema riguardava *la fisicità di Maria e la resurrezione del nostro corpo*. Il più attento era padre Roschini, ma quello che più mi ha colpito è stato il padre Garrigou Lagrange. Tranne Spiazzi, sono diventati miei amici e lo sono rimasti fino alla fine della vita». (*Dove posarono i suoi piedi*, Marna Editore, Barzago 2004 p. 97)[2]. Nella citazione, il corsivo è nostro, volendo con ciò far

---

[2] I libri della Volpini sono *Resurrezione di Dio* (Ed. Tinelli, Voghera 1984) *La madonna accanto a noi* (Ed. Riverdito, Gardolo di Trento 1990); *Capire*

notare due cose: la parità del dire e la puntualità con cui quei teologi hanno centrato l'essenza di quelle apparizioni: la fisicità di Maria e la resurrezione del corpo umano[3].

Parlando della vita della Volpini, non si può ignorare il clima politico-sociale e culturale del '68. E di questo ne dà una eloquente e significativa testimonianza personale Baget Bozzo nella presentazione al primo libro della Volpini *Resurrezione di Dio*. «Se io, prete teologo del cardinale Siri, direttore di Renovatio, ho conosciuto il '68 in vivo (di là della simpatia per un movimento che metteva in discussione le verità neocapitalistiche effuse sull'Italia dalla fine degli anni cinquanta) lo debbo ad Angela Volpini. A Casanova Staffora, suo paese, confluivano spezzoni del '68 milanese, torinese, genovese, veneto e fiorentino. Vi erano cattolici in crisi di identità, preti che non trovavano più senso al loro

---

Maria (Marna editore, Barzago di Lecco 2003); *Persona e Comunità* (Centro culturale Nova Cana, Casanova Staffora, Pavia 2005). Il libro di cui parla il testo è la lunga intervista (che costituisce in sostanza l'intero libro) rilasciata a Ferdinando Sudati. Il titolo dato all'intervista (*Dove posarono i suoi piedi*) prende nome dal fatto che la Vergine in una apparizione ha lasciate sul terreno le sue impronte che, come abbiamo detto nel testo, i fedeli accorsi si portarono a casa. La Volpini ha scritto altri libri che non citiamo perché non riguardano direttamente il nostro discorso.

[3] Nel testo sopra citato, come si può notare, la Volpini quando parla di Spiazzi tralascia il reverendo titolo di "padre". Un frammento freudiano che denota tanta parte del "carattere" di Angela Volpini, la quale, come si vedrà, benché abbia scelto di "essere-amore" (come lei scrive), mai ha eluso la controversa contesa necessaria a dire "pane al pane e vino al vino" dentro le vicende della vita da lei incontrate e vissute. E dato che siamo in nota, ci si permetta quanto segue. Un giorno, mentre la Volpini stava parlando a Milano in una conferenza, un ascoltatore seduto accanto a uno dei due autori, gli chiese: in che cosa è laureata? "Terza elementare", fu la risposta. E quello: "ho capito!", disse, nel tono di chi non ha capito.

ministero, vi erano laici o comunisti nelle medesime condizioni; poi, ragazzi, nati allora, per cui il '68 non era la novità, ma la nascita, l'identità di sé con se stessi». (Op. cit. p. I).

Come si vede, vi è qui un affluire di persone con intenti e caratteristiche assai differenti dalle folle che negli anni cinquanta, nonostante l'impervio cammino di montagna, andavano al Bocco per assistere al momento dell'apparizione. Di qui, questa differenza: che mentre le persone credenti si accalcavano accomunate da una fiduciosa fede nella Vergine Maria madre di Dio, «i tesi sessantottini invece si accalcavano in interminabili assemblee, in cui il problema di ciascuno aveva *il diritto* di imporsi all'attenzione di tutti...». (Op cit.p. II). Va da sé che, se guardiamo alla storia gnoseologica del conflitto tra certezza e verità, questo individuale diritto di imporsi, proprio perché si tratta dell'imporsi, non è certo verifica di verità, ma solo la pretesa che la propria convinzione sia la nuda e unica verità per tutti. Il che rende evidente, in quanto contrassegno di debolezza, le ragioni della deludente fine che ha avuto la speranza di una maggior verità e giustizia vissuta dai figli del sessantotto. Che è poi, nella storia buia di altre similari vicende, il tramonto obbligato assegnato alla "volontà di potenza" propria dell'arbitrio. Ossia, l'idolo che crolla al suolo perché sorretto da piedi di creta[4].

---

[4] E purtroppo è storia di tutti i giorni l'incontrare persone che della propria convinzione, ossia del "credo che così sia", ne fanno "il così-è". Senza avvertire che in tal modo (nel fare del proprio angolo prospettico il panottico-essere del mondo), si va ad inaridire il proprio punto di vista nell'irrigidita debolezza di una fissazione maniacale. Che alla fine vive nel morso di un perenne rimorso. E invece, non c'è nulla di meglio, né di possibile, per sapere che ne è del credo del proprio punto di vista che viverlo in uno stato di permanente confronto, non solo a farlo crescere dentro l'angolatura del proprio comprendere, ma anche nella verifica di come meglio avvicinarsi all'orizzonte segnato da una più ampia verità. Per

Ritornando alla testimonianza di Baget Bozzo, egli conferma che attorno alla veggente mistica Angela Volpini confluivano e s'accavallavano due folle [i credenti e i sessantottini] «che talvolta si mescolavano e più spesso confliggevano».

Quanto poi alla folla dei credenti, stando alle cronache dei giornali (vedi *Oggi*, ad esempio) si parla di un accorrere di persone che al momento delle apparizioni (il quattro di ogni mese, come abbiamo detto) si accalcavano fino a raggiungere il numero di duecento-trecento mila. Chi pervenendovi con pullman organizzati, chi con vetture proprie e chi a piedi, tanto da «riempire per chilometri le strade dell'intera valle».

Al che Baget Bozzo si domanda: «Perché Angela era al centro delle due folle e si trovava alfine come referente, come soggetto dialogante per ambedue? *Questo è appunto il suo segreto*. Angela aveva veduto. Ma non il cielo, *bensì la terra*. Aveva visto le possibilità dell'uomo. Nella Vergine aveva scorto la vita comune, *ciò che ogni uomo è*. Per lei i due termini separati (l'Al di là e l'Al di qua) *si erano rivelati come un'unica realtà*. Il suo sguardo umano aveva visto la terra con lo sguardo divino: *i due sguardi erano un solo sguardo, la terra un'unica terra, il cielo un solo cielo*». E quando tocca il problema del male, così aggiunge: «Angela vede *il male* dell'uomo [ossia, *nell'uomo*] come negazione del suo possibile, *come chiusura di ciascuno nel guscio della sua finitezza. La possibilità è per l'uomo infinita: l'infinità è tutti gli altri uomini*». (Op cit. p. II. Il corsivo è nostro).

---

cui, una convinzione è autenticamente umana solo quando la si vive sapendo ritornare sui propri passi, al punto di non demordere qualora si dovesse cambiare strada.

Alla testimonianza di Baget Bozzo si ha da aggiungere il resoconto che la Volpini, nell'intervista di Sudati, espone riguardo all'esito del '68 vissuto da lei e dalle persone approdate al centro di Nova Cana. «Il decennio che va dal 1972 al 1982 sono stati un po', dieci anni di guerra», dice la Volpini. Il parroco del paese che era stato tollerante durante il '68, «poi ha incominciato a dire: "sono rossi!"». Ma se è vero, gli replicava la Volpini, che «ci sono elementi di sinistra, noi qui accogliamo tutti e io devo vivere con questi giovani». Poi annota: «secondo me il parroco è stato sollecitato da politici locali timorosi per queste assemblee e per tutto il lavoro di promozione territoriale che abbiamo fatto, inteso come tentativo di dare in mano alla gente il loro territorio, i contadini in primo luogo. [...] Non eravamo affatto schierati come partito, anche se potevamo venire collocati nell'area di sinistra. Che anzi, i dispetti più grossi ce li ha fatti proprio la sinistra. Pur restando che il parroco ha incominciato ad accusarci di essere rossi, brigatisti e cose pesanti del genere». (Sudati, op. cit. pp. 139-140).

Ed è a questo punto dell'intervista che salta fuori, tale e quale com'è, il temperamento della veggente mistica Angela Volpini. Quando sta parlando appunto del parroco. «Di queste accuse io gli ho perdonato, *ma non so se ho fatto bene*. In quel periodo potevamo finire in galera, come tanti altri. La polizia non andava per il sottile. Fummo accusati di avere la stella delle Brigate Rosse al Bocco e a Nova Cana. Venne il questore con le camionette per arrestarci. [...] Ho avuto tre volte la forza pubblica in casa. Una volta è venuta la Finanza, volevano sequestrare tutto. Perché il libretto dei messaggi [che la Volpini dice di aver ricevuto dalla Madonna] stampato dal "Comitato pro santuario del Bocco", non aveva la dovuta autorizzazione. Ho detto a loro: il presidente del Comitato è il parroco, dunque è lui che dovete arrestare, non me. Il finanziere è sbiancato in volto. Una notte, alle due di notte, arriva la squadra del "buon costume", sempre con le camionette, perché avevano avuto una segnalazione che da noi si praticava il libero amore, sono venuti anche un'altra volta, ma non hanno trovato niente. Anzi, alla fine, il capo responsabile mi ha mandato i suoi figli, un ragazzo e una ragazza, perché parlassi con loro! A Nova Cana non ho mai avuto il problema di censurare qualcosa. Non c'è stata una cosa amorale mai! In cinquant'anni non è mai mancato uno spillo[5]. E non c'era una chiave in tutta Nova Cana». (Op cit. pp. 140-141. Il corsivo è nostro).

A questo punto, alla domanda dell'intervistatore: «di fronte a tutto ciò quale fu la tua reazione?». La risposta è secca «*Non sono più andata in chiesa*». E questo perché convinta che in tutte le disavventure a cui andava incontro ci fosse, a mescolare i barattoli del veleno, la mano sinistra del parroco. E alla domanda. «non ci sei più andata del tutto o solo a Casanova?» Risponde «Solo a Casanova. E [se sono andata ancora in chiesa in altre parrocchie] è solo per carità cristiana, perché è difficile sentirsi additare per cose non vere e conservare la calma. Credo che il parroco abbia subìto pressioni e sia stato vittima forse più dei politici locali che di persone di Chiesa. Da quelli [i politici locali] infatti abbiamo subìto intimidazioni». (Op. cit. p. 141).

Ma non sarebbe conoscere chi è la Volpini se, oltre a quanto abbiamo detto, non si parlasse di tanto altro. Il vivere cioè che la

---

[5] Qui tuttavia a voler essere puntigliosi vi è da dire che la difesa della Volpini zoppica un po', in quanto, di fronte all'accusa del fornicare, poco o nulla risponde l'onestà del non rubare.

vede impegnata giorno e notte, come trottola sempre in moto o colombo viaggiatore sempre in volo. Sia a motivo degli incontri con gruppi e singole persone, quando si trova a vivere nella sua casa in paese o al santuario del Bocco, sia a motivo degli innumerevoli viaggi fuori paese, quando è chiamata in questa o in quella città d'Italia a fare conferenze, dibattiti e convegni, sia a motivo dei programmati viaggi all'estero in luoghi che le sono particolarmente cari, dove, date le sue frequenti visite e le prolungate permanenze, vi sono gruppi che la vivono addirittura come loro fondatrice. Più cara di tutte, una Comunità nelle Isole Canarie.

Detto questo, non ci resta che troncare brutalmente il discorso, perché, qualora volessimo più ampiamente dire chi è la Volpini, ci troveremmo a fare del capitolo un intero libro. Quanto segue quindi va letto alla maniera di taluni pezzi musicali dove è scritto "precipitare con fuoco". Per cui, stando a ciò, bastino le quattro righe che seguono. Se guardiamo alle apparizioni della Vergine, notiamo che il numero e l'ardore dei fedeli accorsi ad assistervi va diminuendo a mano a mano del loro ripetersi nel tempo; e così, in ugual modo e contemporaneamente, vanno a mano a mano calando il numero e il calore acceso dalle attese sociopolitiche del '68.

Tuttavia, il Centro culturale Nova Cana si è trovato nel frattempo (dall'inizio degli anni '70, all'inizio degli anni '90) ad essere il punto di convergenza e riferimento di un gruppo costante (tra defezioni e nuovi acquisti) di una cinquantina di persone che si sono imbarcate in una sperimentazione teorico-pratica all'insegna del pregiato titolo "Persona e Comunità"[6].

---

[6] Stiamo parlando di una Impresa civica rimasta a mezzo e di cui ne

Al presente, se nel Centro di ricerca Nova Cana vi è ancora del fuoco, certo è così tanta la cenere che si stenta a vederlo. Mentre invece si sta riaccendendo l'accorrere delle persone al Santuario del Bocco. La nostra speranza e il nostro augurio è che, allo stesso modo, riprenda avvio la difesa dei diritti dell'uomo al Centro culturale di Nova Cana. E il nostro libro vorrebbe esserne un contributo.

---

abbiamo fatto il resoconto in *Costruire la Città (Impresa Civica: Persona e Comunità)*. Ma chi fosse intenzionato a conoscere pienamente il senso e la portata di quella ricerca analitica e progettuale d'impresa, può trovarla nel poderoso volume scritto da Ernesto Baroni e Giorgio Rivolta intitolato *Libertà personale e Bene comune* (edito da IPOC, *Italien Paths of Culture*, 2012).

CAPITOLO III

IL CUORE DELL'ESPERIENZA DELLA VEGGENTE MISTICA VOLPINI NELL'INTERPRETAZIONE DI BAGET BOZZO

La storia dei veggenti cristiani vede per lo più le loro esperienze confinate in un ambito meramente devozionale, per cui la singola esperienza, nel presentarsi omogenea a tutte le altre, finisce con l'essere insignificante. Gianni Baget Bozzo fu il primo a comprendere la specificità dell'apparizione della Vergine Maria alla veggente mistica Angela Volpini. E nel comprendere, fu anche il più acuto interprete nell'argomentarne il significato. A dirlo sono le sue presentazioni ai primi tre libri scritti dalla Volpini: *Resurrezione di Dio*, *La Madonna accanto a noi*, *Capire Maria*, opere che in una nota abbiamo già citato.

Egli, infatti, già nella Prefazione al primo libro *Resurrezione di Dio* parla di un'esperienza il cui contenuto si configura come "esperienza del corpo glorioso della Vergine" che, convissuto dalla Volpini, è anche l'essere e l'esperire di ogni corpo umano. Vi è da tener presente in ciò quanto abbiamo già detto, e cioè che l'esperire del comprendere mistico è il *vedere-che-esperimenta*, cioè il tutt'uno di visione ed esperienza. E se di esperienza del corpo glorioso dell'uomo si tratta, come è nel nostro caso, l'esperire non è un accidentale privilegio che l'uomo riceve dall'esterno di sé, ma è invece lo statuto della propria ontologica ed eterna natura: l'essenza, cioè, che lo costituisce. In altre parole: il corpo dell'uomo è glorioso non per "grazia ricevuta", ma per "necessità di natura", appunto perché esso è tale ontologicamente. Intendiamo dire che in una tale "comune natura" non ci sono "uomini privilegiati". Ma tutto si svolge in un comune ed uguale destino, di cui parla la

Volpini all'inizio dell'ultimo capitolo di *Resurrezione di Dio,* là dove afferma: «Ho visto la Gloria dell'uomo»[7].

Per la Volpini, sono reciprocamente un tutt'uno "resurrezione di Dio" e "gloria dell'uomo" (in modo appunto che "gloria dell'uomo" è "resurrezione di Dio" e viceversa). E noi riteniamo che questo sia il dato portante del suo credo ontologico (e quindi del suo messaggio). Credo che, come tale, viene esplicitato dal fatto di aver, lei dice, sperimentato nella visione della Vergine sia che tutti gli uomini sono innocenti, sia che non c'è morte, tanto che, come dice, una tale "discontinuità della vita" è insopportabile anche per Dio, e comunque non va assolutamente addebitata al peccare dell'uomo. E come non ha visto né la morte, né il peccato, tanto meno ha visto l'inferno. Per cui, stando così le cose, noi sosteniamo che per lei l'ontologica natura dell'uomo è "gloria" (o se più piace "corpo glorioso").

---

[7] Certo, se stiamo all'angosciato dolore dell'umano morire è difficile comprendere e ritenere che l'essenza dell'uomo sia ontologicamente "l'eterna Gioia della Gloria" (come noi stiamo dicendo). Si tenga però presente che per noi l'uomo "è-Gioia" non solo in virtù del Credo cristiano a cui aderiamo, ma anche in virtù del concetto racchiuso nel "Destino della Verità dell'Essere" che abbiamo appreso dalla filosofia di Emanuele Severino. Detto questo, a nostro parere, se l'uomo non vive il suo essere-gioia, la morte vista unicamente come "discontinuità di vita" finisce con l'essere la punizione per un peccato d'origine. Ma è proprio una tale predicazione che contrastiamo, sostenendo che a nulla serve (se non a consolazione dei miseri) il togliere di mezzo l'ontologica gloria dell'uomo con un colpo di spugna estratta dal cassetto di una Fede così deludente. Una Fede, cioè, che aliena l'essere-uomo dall'essere la più alta e compiuta vetta dell'ontologica ed eterna manifestazione del Tutto-Divino, e dove, in una concezione tanto prossima al provenire e ricadere nel nulla, rende vana l'umana nascita di un Dio e la sua morte in Croce quale sigillo di una eterna gioia di Resurrezione.

CAPITOLO IV

ALCUNI TRATTI TOLTI DAI LIBRI DI ANGELA VOLPINI E IL COMMENTO CHE NE FA BAGET BOZZO

Come prima cosa si ha da dire che negli scritti della Volpini è perentoria e costante l'affermazione tesa a dichiarare che la sua esperienza di veggente mistica è un'esperienza eminentemente corporea. E lo fa non solo per esprimere il vero di quanto ha vissuto e compreso, ma anche perché i problemi a cui quell'esperienza rimanda sono la vita dell'uomo quale "totalità d'esistenza", anche se l'uomo, lei dice, non sa ancora leggere il proprio corpo come "volto di Dio". Un'ignoranza, questa, in cui la gioia di vivere viene ineludibilmente sopraffatta dall'angoscia del dover-morire.

Vediamo allora che ne è dell'immediata evidenza di esperienza corporea da lei vissuta nell'apparizione della Vergine. Siamo all'inizio del capitolo settimo in *La madonna accanto a Noi* intitolato *"La mia esperienza"*. Da notare che quell'inizio è lo squillo di una tromba tirrenica che annuncia l'entrata in scena dell'umano destinato a vivere le medesime sorti del divino. Sta parlando di quanto ha vissuto nella prima apparizione. «Braccia che mi sorprendono nel gioco. Labbra che mi baciano sui capelli. Distacco esplorativo. Incontro di un volto. Volto che è specie e nello stesso istante si fa persona umano-divina nel rapporto stesso che si stabilisce nella somiglianza delle possibilità e nella libertà delle differenze. Incontro umano-divino perché incontro nella libertà e differenza». (Op. cit. p. 71).

Uno squillo di tromba, dicevamo, che si acquieta nel canto flebile del flauto là dove, in *Capire Maria*, racconta per filo e per segno come sono andate le cose in quel suo primo incontro. «Stavo facendo con altri quattro bambini "il gioco dei fiori", ed ero seduta a terra a confezionare i miei mazzetti di fiori quando all'improvviso sentii una persona prendermi sotto le braccia da dietro e sollevarmi come per prendermi in braccio. Mi voltai e mi trovai di fronte un volto di donna bellissima, dolcissimo e sconosciuto». (Capire Maria, p. 17). «Il femminile corpo di Maria è stata la cosa che ho avvertita per prima: infatti, prima di scorgere il suo volto dolcissimo e bellissimo, ho sentito le sue braccia che mi sorreggevano sul suo seno. Il mio piccolo corpo si adagiò naturalmente sul suo bellissimo corpo di donna senza del quale quella che vedevo sarebbe stato un fantasma. Niente di tutto questo. Quel corpo percepito ancor prima di vederne il viso, non era un fantasma ma una donna. Una donna il cui corpo non velava lo spirito ma, al contrario, lo lasciava trasparire e lo esaltava». (Op. cit. p. 23).

Una volta presa in braccio «mi distanziai per vederla meglio: era proprio il viso di una donna sconosciuta e di una bellezza mai vista. Non avevo mai neanche immaginato una bellezza e dolcezza simile. [...] Dentro di me, e non so se anche fuori di me, ci fu un grido di meraviglia. Il suo corpo era flessuoso e caldo. [...] Era freschissima e bellissima, però nella pienezza della maturità femminile, fra i trenta e quarant'anni. Non era una ragazzina, ma una donna. Con tutte le forme femminili ben evidenziate. Le sue forme l'ho viste e sentite ed erano messe in risalto dal vestito. Le sue braccia mi sorreggevano teneramente, i miei occhi erano attoniti per lo stupore. Era vestita di una tunica rosa, però abbastanza aderente al corpo. Ne risultava una bella immagine di maternità. [...] L'incarnato era europeo. Aveva occhi grandi e luminosi. Il naso era sottile e diritto, molto bello. La bocca piuttosto sottile, non carnosa. Il volto molto ovale, le mani piccole e affusolate». E poi, ancora, dice che la Vergine, mentre la teneva in braccio, comunicava con lei, «ma non dicendo parole, ma mediante una comunicazione interna. Mi ha parlato quando mi ha rimesso a terra. La sua voce era calda. Mi guardava e mi parlava». (*Dove posarono i suoi piedi*. pp. 31-33).

«E quando Ella cominciò a parlarmi di sé, era come se mi parlasse di Dio, di me e di tutti gli altri uomini, e quando parlava di Dio era come se parlasse di sé, di me, e di tutti gli altri uomini. Il suo linguaggio non lasciava nulla nel vago: tutto veniva legato al suo senso totale ed eterno. *Proprio quel corpo era l'esperienza del possibile e del senso della mia esistenza, singolare e originaria, sulla Terra.* Quel corpo mi rivelava l'Amore di Dio nella Creazione, l'Amore di Dio nell'Incarnazione. Quel corpo mi faceva vedere come Dio mi vede. Quel corpo distingueva Maria da me e da ogni altro, anche se, per altri versi, ne era lo strumento di comunicazione più forte. *Quel corpo era il suo corpo personale, anche se lo ravvisavo come corpo dell'umanità realizzata. Non c'era morte in quel corpo! Proprio la morte mi sembrava in quel contesto la contraddizione più grande. In quel corpo vi era la sua gloria, la gloria di Dio, la mia gloria e quella di ogni uomo*». (*Capire Maria*. pp. 23-25. Il corsivo è nostro).

Detto questo, passiamo ora a vedere i punti salienti di quanto dice il teologo Gianni Baget Bozzo nelle presentazioni ai libri della Volpini. «Al centro di questo testo [*La madonna accanto a noi*] sta il racconto di una visione della Madonna. Ma niente avvicina questo testo a quelli cui siamo abituati. Nel resoconto stesso della visione, non è l'oggetto del racconto ciò che sta *in primo piano: è l'esperienza della veggente.* Non vi è nulla di simile qui ai racconti delle più note apparizioni mariane, che descrivono l'apparizione come descriverebbero qualsiasi altro avvenimento: la Volpini ci descrive invece le modificazioni che avvennero in lei, nel contatto reale con la mano e le braccia di Maria. In questo, il racconto sembra piuttosto quello di un'esperienza mistica che di una apparizione mariana. [...] L'autorità di una esperienza mistica è misurata abitualmente dalle modificazioni che essa produce sul soggetto. Nel caso della Volpini ci troviamo di fronte a un fatto singolare; al centro del racconto sta un'esperienza tattile: il modo in cui viene descritta è nuovo e singolare. È l'esperienza del corpo della Vergine come di un corpo cosmico. *Si tratta dunque della esperienza della Vergine come corpo glorioso.* Le apparizioni alla Volpini avvengono tra il '47 e il '56 e nell'anno '50 Pio XII proclama il dogma dell'Assunta. Vale la pena di ricordare che anno fosse quel '50. La cortina di ferro staliniana, il più sistematico e perverso dei totalitarismi, era sceso sul centro-Europa. Le chiese ne venivano sistematicamente distrutte». (Op. cit. pp. 5-6. Il corsivo è nostro).

Nel contempo, egli continua, fortunatamente il presidente Truman chiede le dimissioni del generale Mac Arthur che voleva usare la bomba atomica contro la Corea del Nord. Ma subito ritorna a parlare del dogma di Maria assunta in Cielo. «Certamente nelle intenzioni del papa, il corpo glorioso della Vergine era la speranza riaffermata che *il corpo dell'umanità*, vulnerato dalla violenza dei totalitarismi e delle guerre, *sarebbe stato salvato.* Allora quella sembrava una speranza impossibile. [...] Di fronte alla radicalità della sfida nucleare e totalitaria, il corpo glorioso della Vergine e quello dolente dell'umanità apparivano come un solo corpo. Questa drammatica congiuntura va posta al centro dell'esperienza della Volpini, in cui domina il *rapporto tattile* con il corpo di Maria e la percezione della *dimensione cosmic*a di questo corpo. *Tutto il* *creato, tutta l'umanità vi erano contenuti*: e la veggente poteva sperimentare ad un tempo il carattere fisico della presenza della Vergine (la sua fisicità) e, al tempo stesso, il carattere cosmico del corpo di Maria: la sperimentalità da parte della veggente, sia del corpo fisico come del corpo cosmico della Vergine». (Op. cit. pp. 6-7. Il corsivo è nostro).

La Volpini non cerca mai, nel suo dire, di giustificarsi innanzi al linguaggio teologico ed ecclesiastico, anche quando tocca problemi che nella teologia contemporanea sono ancora aperti: ad esempio, quanto all'immortalità dell'anima e alla resurrezione della carne. Né usa mai il termine "anima", mentre offre un linguaggio al tema della resurrezione del corpo.

Di qui la domanda: è possibile una teologia del corpo glorioso, delle sue dimensioni fisiche e di quelle cosmiche? Se guardiamo alla riabilitazione che ha avuto nel Concilio Vaticano II il pensiero di Teilhard de Chardin circa la "personalizzazione e cristificazione dell'universo", la risposta non può essere che positiva. E invece, commenta Baget Bozzo, dopo il Concilio Vaticano II, in reazione ad esso, il linguaggio del magistero papale diviene sempre più una serie di veti attorno al corpo dell'uomo. «Senza tener conto che non si può pensare il riferimento inevitabile di Dio all'uomo e l'ugualmente inevitabile riferimento dell'uomo a Dio, *senza fare del corpo umano il luogo della comunione*». (Op. cit. p. 11. Il corsivo è nostro).

Per l'apostolo Giovanni, chi crede in Gesù ha sin da ora la vita eterna: ossia, viene ad essere "resurrezione di Dio" quale "eterno presente" che non conosce il fluire del tempo e quindi né il passato né il futuro. Pertanto, il fedele è chiamato ad abitare l'eterno, non il tempo. E con ciò a vivere la morte non come annientamento, ma come un oltrepassare, camminando lungo l'inesauribile sentiero della Gioia della Gloria garantitagli dall'Incarnazione di Dio e dalla sua Resurrezione.

Con questo intendiamo dire che ci si trova in presenza di un gioioso e glorioso destino dell'uomo tanto se stiamo al Credo Cristiano, quanto se stiamo al Destino della Verità dell'Essere lungo la strada aperta dal pensiero filosofico di Emanuele Severino. La Fede da una parte, la Ragione dall'altra. Il lettore vedrà che, nel parlare del corpo glorioso dell'uomo, il nostro discorso s'attesta tanto sulla "strada dell'Essere", quanto sulla fede cristiana in cui l'uomo è "resurrezione divina", per cui, mai lo diciamo "creato dal nulla" ma sempre, come afferma l'apostolo Giovanni, "nato da Dio" o, ancor più precisamente, parliamo di lui quale manifestazione ed effusione di Dio-Amore, seguendo in questo il pensiero di San Tommaso d'Aquino.

CAPITOLO V

IL CORPO GLORIOSO DELL'UOMO NELL'ESPERIENZA DELLA VEGGENTE MISTICA VOLPINI

In questo capitolo, data la natura dell'argomento, stiamo alla semplice narrazione dei fatti. Per cui il capitolo è quasi per intero la trascrizione di quanto ha scritto la Volpini in un tratto del suo libro *La madonna accanto a noi*. «Lei era lì che mi guardava ed io vedevo il mondo. Lei mi parlava ed io esperivo il Divino. Lei mi amava ed io conoscevo Dio-amore. *Con lei, i miei sensi si dilatavano oltre i confini del corpo, diventavano spirito, mente,* ma continuavano a percepire sensorialmente le forme visibili carnalmente ed invisibili, dandomi sensazioni non ancora riproducibili nel normale contesto storico. A questo riguardo posso dire solo una cosa. *Noi non abbiamo la più pallida idea di che cosa sia un corpo umano*». (Op. cit. p. 74. Il corsivo è nostro).

«Il colloquio che avevo con lei era totale. Totale nel senso che Lei mi comunicava con la parola, con gli occhi, con le mani, con la mente, con lo spirito, con tutto il corpo. Il mio corpo, la mia mente, il mio spirito, recepivano la comunicazione allo stesso livello di come veniva data. La dilatazione non era solo quella data alla mente ma anche al corpo. Il mio corpo infatti vibrava non solo di amore e piacere come sensazione soltanto, ma esso conosceva e si conosceva. *Ho conosciuto la vita e la sensibilità della materia*». (Op. cit. pp. 76-77. Il corsivo è nostro).

«Ricordo la felicità della mia mano sinistra che era la mia felicità ma anche la sua soltanto, in quanto potevo contemplarla e conoscere il senso che essa provava in sé. Il guizzo delle mie cellule che erano me, ma che allo stesso tempo avevano la loro autonoma individualità. Le sentivo come me diffusamente, ma anche come loro, in questo caso la registrazione del loro movimento autonomo era sì contemporanea alla complessità unitaria che costituisce il mio corpo, ma distinta. I sensi, poi, si dilatavano fino ad essere contenuti tutti e cinque in uno a rotazione. La vista e l'udito sentivano e vedevano con me il mondo e le mie relazioni con il mondo dentro. Il ritorno arricchito di ciò che vedevano e sentivano, vedevano e sentivano meglio me, come una persona nuova. Essi diventavano altresì gusto, tatto, profumo. Essi accoglievano le novità delle cose, nel loro mostrarsi come immagini e come suoni, e riportandole all'unità della mia persona la emozionavano, la dilatavano, la rendevano capace di creare il profumo dei suoni e la toccabilità delle immagini. Così si comportavano il gusto, l'olfatto, il tatto. Essi trasformavano in immagini ed in suoni tutto ciò che toccavano, odoravano, gustavano. Ho vissuto l'esperienza del senso che da parzialità-strumento-percettivo diventa stimolo alla complessa unità della Persona. [...] *La vita, quell'essere noi, così massicciamente percepito con il venire al mondo, ha all'origine un processo di relazioni e interazioni fisiche, chimiche e biologiche che impropriamente chiamiamo "materiali" intendendo con ciò stabili, fisse. Ma esiste la materia stabile, fissa? Non è forse anch'essa un puro rapporto di possibilità? Un rapporto creativo che ha posto in essere quel che non c'era.* Le sue forme dove le ha prese, supposto che all'inizio vi fosse una sola sostanza?» (Op. cit. pp. 77-78. Il corsivo è nostro).

Come si vede, in quest'ultima citazione la materialità delle cellule e la spiritualità della coscienza si presentano nell'interdipendenza di un tutt'uno, ossia come due aspetti della medesima realtà. Le singole cellule dotate di "autonoma individualità" pur nella loro corporeità comunicano tra di loro in un reciproco dialogo di (spirituale) intelligenza e felicità e, nello stesso tempo, una tale reciprocità vi era anche tra le singole cellule e il corpo della Volpini (corpo visto e vissuto quale tutt'uno di una individua personalità). In questo dialogo tutto accade simultaneamente e sincronicamente, senza alcun rapporto di causa/effetto: quel rapporto a cui sono legati i limiti del prima e poi del tempo e quelli del qui e là dello spazio.

CAPITOLO VI

CHE NE È DI QUANTO HA DETTO LA VOLPINI NELLA CONCEZIONE DI TALUNI SCIENZIATI OGGI

Nella descrizione della sua esperienza di veggente, fatta dalla Volpini, vi vediamo coinvolti tre fenomeni fisico-quantistici: l'Entanglement, il Paradigma olografico e il Campo del Punto Zero. Di ciascuno ne parleremo in modo estremamente succinto, diversamente da quanto più diffusamente abbiamo fatto nel libro *La incarnata sostenibilità della Terra,* facendo presente che anche in quel libro abbiamo preso le mosse dall'esperienza della Volpini: il cognitivo comprendersi delle cellule corporee e il comprendere simultaneo e sincronico dei cinque sensi in uno di essi a rotazione, che fanno dire alla Volpini: «Ho conosciuto la vita e la sensibilità della materia».

Quanto all'Entanglement, un tale termine in inglese significa "intreccio", ossia "non-separabilità", e fu scelto nel 1926 da Schrödinger per caratterizzare nella fisica quantistica il fenomeno della non-località. Ossia, il sincronico accadere a due particelle atomiche, anche se poste a illimitata distanza. E cioè, quell'intreccio non-separabile sta a dire che la costituzione della materia subatomica è fatta in modo tale che due particelle (fotone o elettrone) che per una qualche ragione abbiano interagito almeno una volta tra loro, anche se si trovano separate a grandissime distanze spaziali, da quella loro interazione mai sono disciolte. Per cui, qualora andassimo a misurare una di esse, vedremmo che quanto le accade, accade istantaneamente e simultaneamente anche alla particella che con essa ha interagito. È, cioè, come se le particelle entangled fossero una sola particella. Esse pertanto non sono parti di un sistema, ma il tutto di un inscindibile sistema. (Così come è un "tutto simultaneo e sincronico" quanto la Volpini dice di sé e delle sue cellule corporee). Pertanto, la non-località dice l'esistere e l'accadere simultaneo e sincronico "intrecciato-oltre" (o "fuori-da...") la diacronicità di spazio e tempo, ossia oltre i limiti posti dal qui e là dello spazio e dal prima e poi del tempo, che altro non sono che i limiti imposti alla realtà dal "divenire" e dal "causare".

Quanto poi al Paradigma Olografico, vediamo che esso, nel presentarsi quale manifestazione dell'indivisibile *Tutto*, conferma e ribadisce il "non-causare" dell'Entanglement e, come diremo, il "non-divenire-altro" insito nella concezione del Punto Zero. È quanto mai evidente che quel che dice la Volpini del sincronico e simultaneo agire ed esperire dei cinque sensi nel brano da noi citato è, né più né meno, che il paradigma olografico totalmente espresso nella sua evidenza[8].

Quanto poi al Campo del Punto Zero, se ci riferiamo a quello che di esso sostengono taluni scienziati, vediamo che anziché considerarlo come "campo energetico" essi preferiscono denominarlo "campo mentale" o "campo informatico". Di modo che il Punto Zero, nel presentarsi come "Matrix Originaria" (o Originaria-Forma-che-tutto in-co-forma), si manifesta (nell'in-co-informare di sé l'esistente) totalmente aliena dal "divenire-altro"[9].

---

[8] Un esempio di che ne sia dell'ologramma è dato dalla seguente constatazione. Se mediante la luce pura di un laser imprimiamo in una lastr, una rosa, qualora una tale lastra salti in tanti pezzi sempre più piccoli, ugualmente la rosa in quei pezzi apparirà sempre tutta intera.

[9] Di qui la nostra concezione dell'"in-co-emergere" in cui nulla che sopraggiunga all'orizzonte dell'essere si trova ad essere-altro nei confronti

Ci troviamo a dover sottolineare quanto sia di estrema rilevanza la concezione del Punto Zero quale Forma-che-di-sé-tutto-informa perché, in virtù di un tale concetto, gli scienziati di cui parliamo, anziché fermarsi al risultato dello scoppio, cioè al Big Bang (materia ed energia), sono risaliti al "che-cosa" è scoppiato, denominandola appunto la "Forma-Matrix che-tutto-di-sé-in-co-informa". Di modo che, ponendo materia ed energia al servizio della forma, sono passati a parlare non più del *Big* Bang ma del *Bit* Bang, e di conseguenza, anziché parlare del produrre di causa ed effetto (come si è soliti fare), si va invece a dire il manifestarsi del Tutto-Essere. In altre parole, stiamo dicendo che, là dove la spinta energetica è sostituita dal significare della forma (essendo questa il sopraggiungere di una "incoemergenza significante"), ci si trova a sostituire il produrre del "causare" con il manifestarsi del "significare". Che è in sostanza la sfida che pone alla conoscenza umana il percorso dell'incarnata sostenibilità della terra nel suo incoemergere dall'originario Punto Zero fino alla vita dello Spirito (intendendo per "spirito" tutto ciò che chiamiamo "vita dell'universo" nelle sue molteplici forme umane o non-umane che siano). Precisando inoltre che un tale discorso, poiché è dettato a partire dal punto di vista dell'ontologia, parla dell'eterno-essere dell'Essere che, nel suo trascendere i limiti dello spazio e del tempo, è "totale integrità" che non ha né principio né fine, come appunto diceva Parmenide[10]

---

dell'Originario, come appunto richiede il Destino dell'eterna-integrità-dell'Essere.

[10] Si noti come Entanglement, Paradigma Olografico e Punto Zero corrispondano ai tre punti del nostro credo filosofico: l'affermazione dell'essere, la negazione del divenire, e l'onni-comprensione del Tutto-Essere. Se può sembrare un lezioso perditempo il domandarsi se prima dell'uovo sia nata la gallina, non è certo leziosità il fare della forma il

Ci sia concesso di dire ancora una volta quanto, nel parlare della eterna integrità dell'Essere, sia opportuno l'uso del verbo *incoemergere*, onde nulla del cammino dell'universale esistenza vada perduto. Esso infatti dice l'eterna integrità propria dell'Originario (quale che sia il nome che gli si vuol dare) che vive nell'eterno essere se stesso che incontra eternamente solo se stesso, e che tale "è", poiché è la totalità dell'Essere e l'essere della Totalità. Stiamo in sostanza dicendo che nel termine "incoemergere" gli elementi di una qualsiasi realtà (che si presenti strutturata) sono tra loro tenuti insieme non dall'immodificabile (e quindi obbligato) rapporto lineare di causa/effetto, bensì da un autogestito rapporto non-lineare, il quale, dotato di feedback (il ritorno sui propri passi), permette (o meglio implica) il reciproco includersi dell'uno dentro l'altro: necessaria autoinclusione a cui noi appunto abbiamo dato il nome di "incoemergenza".

Detto questo, ritorniamo ancora a parlare del corpo glorioso dell'uomo nell'esperienza della veggente Angela Volpini. E dato che di Gioia e di Gloria si parla, diciamo subito che l'una e l'altra non possono stare insieme (quale Gioia della Gloria) se non dicono il tutt'uno di verità-e-salvezza che è il destino proprio dell'integrità dell'Essere[11].

---

cocchiere che ha nella sua mente la strada da percorrere e dell'energia lo strumento necessario per incamminarsi verso la meta. E se parliamo della Matrix quale *forma-che-in-co-in-forma* quale "innovazione densa di significato", è perché, ogni cosa che appare all'orizzonte dell'Essere (il "incoinformato", cioè) non può darsi-a-*caso* dentro la costrizione di una deterministica-*necessità*, bensì si trova ad essere, per sua ontologica natura, dentro il permanente apparire di un percorso teleologicamente da sempre e per sempre in-scritto nell'incarnata sostenibilità della Terra. Come appunto vuole il Destino della Verità dell'Essere: Destino che nel suo percorso incontra sempre e solo la Verità di sé stesso.

Nell'esperienza della veggente Volpini, a dire che Gioia e Gloria parlano di verità-e-innocenza e di verità-e-salvezza, sta il dato (come lei afferma) che nella sua esperienza di veggente non ha visto né il peccato, né la morte e tanto meno l'inferno. Al proposito va detto che nei libri della Volpini (e nei discorsi pubblici o privati), la parola "inferno" non esiste, e se esiste è perché viene nominata da altri. Per lei gli uomini sono "amabili perché innocenti", e così li vede anche quando ne sta parlando in rapporto all'esistenza del male. «Nella mia esperienza di veggente non ho visto né la morte né il peccato». Affermazione che ci induce a soffermaci, sia pur brevemente, sul rapporto tra peccato e morte nell'esperienza della Volpini[12].

---

[11] Che poi, nel vivere quotidiano, come sovente accade, vi sia chi tanto nell'errore come nel misfatto prova godimento, se un tale "piacere" è visto alla luce della Verità dell'Essere, altro non è che il fiammante rossore acceso dentro il pomo da un verme che lo divora, per farlo precipitare e marcire a terra anzitempo.

[12] Vi è da dire che nella concezione corrente della dottrina cristiana a fare-testo su questo rapporto è il punto di vista dell'apostolo Paolo, stando al quale la morte è entrata nel mondo a causa del peccato, a cominciare dal peccato d'origine di Adamo ed Eva. Si veda di contro al pensiero di San Paolo quanto la Volpini dice in *Capire Maria* al paragrafo *Eva e Maria*: «Eva è anch'essa la madre dei viventi, non solo perché ha iniziato la generazione umana, ma, soprattutto, perché ha dato inizio alla libertà del soggetto umano. *Ha avuto il coraggio di rompere la dipendenza dal Padre, ha promosso l'autonomia del genere umano* non temendo né i rischi, né il dolore che la solitudine di tale autonomia comportava». (Op. cit. p. 117. Il corsivo è nostro). E inoltre, si veda anche quanto dice a proposito dello strappo "da cima a fondo" (come dicono i Vangeli) del velo del Tempio in risposta alla morte di Cristo: «Nonostante l'Incarnazione di Dio, la Rivelazione del Suo volto e del nostro, la morte e Resurrezione di Gesù Uomo-Dio, non riusciamo ancora a darci il coraggio di *rompere il velo del sacro che separa il divino dall'umano*». (Capire Maria p. 44. Il corsivo è nostro).

Dunque, stando all'esperienza della Volpini, nel genere umano non c'è morte proprio perché non c'è peccato. «Maria mi ha fatto vedere gli uomini oltre le loro opere, nelle loro intenzioni, desideri, speranze. I loro volti mi apparvero di fanciulli. L'innocenza degli uomini era il dato più saliente della visione di ciò che noi chiamiamo realtà. Guardavo la storia degli uomini come un unico processo di crescita verso una maturità non ancora raggiunta nell'insieme degli uomini. Il male di ogni genere, fisico o morale, mai l'ho visto come colpa, scelta o condanna, ma solo e soltanto come *mancanza*. [...] Nell'uomo non ci sono mai "colpe". La colpa esige tutta la responsabilità quindi tutta la conoscenza e la scelta. *Gli uomini sono amabili* non solo perché nell'amarli diventiamo divino-umani e perché sono la nostra umana pienezza, ma, soprattutto, *perché sono innocenti*. Il male è mancanza di sviluppo, talvolta gioco inconsapevole, qualche volta tentazione...». (Op. cit. pp. 94-96. Il corsivo è nostro).

Se nell'esperienza della veggente Angela Volpini questa è la sorte toccata al peccato, quanto alla morte la prima cosa da dire è che nei suoi libri ne parla spesso, come si può constatare nel titolo di taluni paragrafi in *Persona e Comunità*: *Paura della morte*; *Coscienza e paura della morte*; *La morte è il non senso della vita*. Ma il senso da dare a tutti gli accenni fatti da lei sulla morte ha a fondamento quanto ha esperito quale veggente mistica: «Proprio la morte mi sembrava in quel contesto [il contesto in cui si parla del corpo glorioso dell'uomo] la contraddizione più grande. Davanti a me non c'era traccia di esperienza di morte e quel residuo di memoria, che dentro di me la ricordava, era giusto la distinzione che mi separava da Lei [la Vergine Maria]: una distinzione che non riguardava la Sua e la mia originarietà, ma la cultura, l'esperienza, l'accettazione passiva della realtà. Quando riuscii a *cancellare la memoria dentro di me*, e *con la morte, ogni male da me e dal mondo*, riuscii a vedere, oltre alla sua bellezza e alla sua dolcezza, *anche la sua gloria, <u>la mia gloria</u>, la gloria di Dio*». (*Capire Maria* pp. 24-25. Il corsivo è nostro).

È interessante anche sapere l'indicazione che la Volpini dà al "vivere oltre la paura della morte". Lo fa partendo da come vive la morte la pietà cristiana. «La pietà cristiana ti fa vedere la morte quasi come una necessità espiatoria, come un momento di ricongiungimento con il divino, un momento necessario per raggiungere la pienezza, la felicità». Vengono qui alla memoria, a contrasto, le prime parole dette dalla Vergine alla Volpini: «*Sono venuta per insegnarvi la via della felicità sulla terra*». E proprio perché la felicità è qui sulla terra, ha fondamento e rilevanza quanto immediatamente segue alla citazione sopra riportata: «La morte è un discontinuo della vita e non è tollerabile, non solo per gli uomini ma anche per Dio stesso: Cristo è risorto proprio perché la morte è un discontinuo con la vita». (*Persona e comunità* p. 81).

L'indicazione che la Volpini dà onde vivere oltre la paura della morte è che la morte è sì il dolore del parto, ma è il dolore che stimola e aiuta l'uomo ad autocrearsi quale persona consapevole ed originale, onde mettere fine all'angosciata paura della morte. «La paura della morte è universale, ancestrale e continua, e lo sarà fino a quando gli uomini non decideranno di nascere davvero a se stessi come *persona originale*. La paura della morte è un dolore, una disperazione tale che ci spinge a *nascere come persona consapevole ed originale* in fretta, affinché quell'angoscia termini al più presto». (Op. cit. p. 119. Il corsivo è nostro). Per la Volpini, a fare dell'uomo una persona è la creatività dell'amore, e lo scegliere di essere amore vuol dire "farsi divini". «Se la scelta dell'uomo è uguale a quella di Dio, e cioè, scelta d'amore e di creazione: fra Dio e uomo non può esserci più nessuna differenza». (Op. cit. p. 118). Il che le fa dire all'uomo: «Fai da uomo quel che Dio ha fatto da Dio».

Come si vede, la morte è un dolore strumentale al nascere come Persona, e questo perché per la Volpini la Persona non è una figura speculativa a cui si è giunti dopo un lungo itinerario del pensare, ma è un "valore" (un "in sé" di natura-ontologica), e quindi non è come, invece, noi (noi due autori) pensiamo, ossia solo un'"attribuzione" di quella ontologica natura che è l'umana esistenza[13].

---

[13] Si veda che cosa diremo al proposito, al capitolo X quando parleremo del nostro concetto di persona.

CAPITOLO VII

DIVESITÀ TRA ESSERE E DOVER-ESSERE
OSSIA TRA ONTOLOGIA ED ETICA E TRA ESISTENZA E COSCIENZA

Come si sarà capito, noi, stando al Destino di Verità proprio dell'Integrità dell'Essere, non usiamo di proposito alcuna espressione linguistica che parli del passare dalla potenza all'atto, o dal provenire e l'andare nel nulla. Perché ogni cosa di cui diciamo "è" non è parte, ma sua ontologica manifestazione eterna. Fiore di campo o foglia al vento che siano, sono, abbiamo detto, "sostanziato-essere" dell'Universo o, se più piace: una sua eterna manifestazione che è mal tradotta dal verbo "appartenere" perché il suo proprio verbo è: "essere".

Baget Bozzo, nel presentare il libro di Angela Volpini *La Resurrezione di Dio*, afferma che per lei «il male dell'uomo è negazione del suo possibile, è la chiusura di ciascuno nella propria finitezza. La possibilità è per l'uomo, infinità: e l'infinità è tutti gli altri uomini». (Op. cit. p. II). E stando a ciò che dice Baget, ogni uomo è per sua nutura "realtà infinita" perché costituita tale dall'integrità dell'essere. Ma ci chiediamo noi, può l'Uomo essere diviso per sua natura (ontologicamente, cioè) in due categorie: da una parte chi è "meno vero uomo", e dall'altra, chi è "più vero uomo"? Eppure la Volpini pone tale divisione, affermando che i primi sono soltanto "individui" perché, come tali, non si sono dati ancora le qualità culturali e morali dell'essere "persone" (come invece hanno fatto i più veri uomini). Si badi bene che abbiamo tirato in ballo la differenza ontologica perché, in tale divisione, è proprio di essa che si tratta. La Volpini infatti giustifica la divisione tra gli "individui" (i meno veri uomini) e le "persone" (i più veri uomini) alla luce di un'ontologia in cui l'infinità dell'essere-uomo nei primi è solo "realtà *in potenza*", mentre nei più veri uomini è "realtà *in atto*".

Già san Tommaso aveva dimostrato che l'*essere-in-potenza* è pura contraddizione, in quanto esso per sua natura è "integrità", e dirlo "in potenza" è la stolida pretesa che vuole dire "essere" là dove c'è il Nulla (l'assoluto non-essere). Stiamo cioè dicendo che l'essere, in tutto ciò che si manifesta come "essere", è un'assoluta manifestazione del Tutto-Essere-Eterno, e il vederlo dentro una concezione incoativa dell'essere è pura contraddizione.

Se nella prima parte del libro della Volpini vi è un inno all'ontologica natura dell'Essere-Universo, in una seconda vediamo invece che l'ontologia non è più sovrana perché ad imperare su di lei vi è il "compito dell'etica" che non può sopportare il *non-ancora* del *possibile* (la chiusura di ciascuno nella sua finitezza): quel possibile *che ha da essere realizzato* onde sia *l'infinità che ogni uomo "è"*. Dal che ne risulta, in questo caso, il contraddittorio compito di "voler dare all'uomo ciò che ogni uomo ontologicamente *già-è*". Pertanto, in questa seconda parte, Etica e Coscienza sono il Soggetto che pone (arbitrariamente, diciamo noi) di fronte a sé Ontologia ed Esistenza quale loro predicato, ovverossia quale loro "oggetto". Siamo pertanto di fronte a una visione "incoativa" dell'essere-uomo: incoatività che dell'essere ne fa un divenire[14].

---

[14] Un esempio di ciò che stiamo dicendo ci viene da Nietzsche. Il quale, pur sapendo filosofare, ammorbato com'è dal nichilismo, quando parla del "Conosci te stesso" socratico, lo traduce con «Divieni ciò che sei!»: una contraddizione in termini, in quanto non si può divenire (o scegliere di essere) ciò che già di necessità (come vuole l'ontologia) si è. Quanto a noi, abbiamo già detto che è l'ontologia a fondare l'etica, e non viceversa; così come riteniamo che sia sull'esistenza che si ha da fondare la coscienza, e

La visione incoativa dell'essere-uomo, di cui abbiamo sopra fatto cenno, è il punto di non facile intesa tra il nostro pensiero e quello della Volpini là dove esso coinvolge la "persona". E cioè, mentre lei milita sotto le insegne del *possibile* non-ancora realizzato", noi invece militiamo sotto le insegne dell'essere-uomo un "dato" già ontologicamente (ossia totalmente) realizzato. Due schieramenti dove l'uno, stando all'eticità della coscienza, s'attesta a vedere come punto da cui partire, e a cui *pervenire,* il "valore-Persona", mentre l'altro, invece, vede come punto da cui partire, e su cui *stare,* l'esistenza dell'"essere-uomo", e questo per il solo fatto di esistere. Quindi, mentre la Volpini afferma che l'uomo è "persona in potenza" chiamata dal suo "possibile" a diventare (o a scegliere di essere) uomo-realizzato, noi diciamo che nel concetto di essere-uomo non c'è nulla di "in potenza" (né da diventare, né da scegliere), perché nell'ontologico essere-uomo già tutto è "integrità in atto". Sosteniamo quindi che la persona è "figura speculativa" storicamente e culturalmente *attribuita* dai Padri Conciliari cristiani al coesistere in Dio - stando all'unica-identica-realtà-sostanziale - di Unità e Trinità. Ma di questo ne parleremo più avanti, quando accenneremo alla nostra concezione dell'essere detto "persona".

Come si vede, il diverbio in questa questione sta totalmente nel punto da cui si parte nel definire l'uomo. Se quel punto è l'Etica, al termine dell'essere-uomo vi è la Persona vista come realizzazione del possibile che ancora "essere-atto-non-è"; mentre, se il punto da cui si parte è l'Ontologia, la persona altro non è che l'essere-uomo a cui speculativamente sono stati attribuiti gli elementi specifici che lo vanno a qualificare, culturalmente, come "persona". Per cui va da sé che, a chi dicesse che la Persona è la "manifestazione" di ciò che

non viceversa.

ontologicamente si-è, non avremmo proprio nulla da obiettare. Perché ciò che contestiamo è il concetto di "possibile" che lascia aperta la porta al nulla, come è il caso dell'essere-persona *in potenza*, o del *divenire* ciò che ancora non si-è.

Occorre tener presente che la persuasione dell'uomo occidentale è che la convivenza di essere-e-divenire sia una necessità di natura, dove nell'uno vi è insieme anche l'altro. Per cui, stando così le cose, difficilmente si vede perché sia una contraddizione in termini il dire "divieni ciò che sei", oppure, "scegli di essere ciò che sei"[15]. A meno che, come abbiamo detto sopra, con i termini "scegli di essere amore" non si intenda dire "vedi di manifestare ciò che sei". Precisato questo, il nostro punto di vista è comunque che, sotto le "mentite vesti" del divenire e dello scegliere-di-essere, a non starci attenti s'annida la bifida serpe del nichilismo, in cui l'istanza etica (il compito del dover-essere) altro non è che la maschera in volto

---

[15] Mentre la Volpini afferma la necessità di "scegliere" se stessi come "amore", noi invece, stando ad Heidegger, diciamo che l'uomo, essendo ontologicamente Mondo-e-Cura, è-già in se stesso "Amore". Per cui per noi il problema è quello di *manifestare* ciò che si è. E quando parliamo di Amore come Mondo-e-Cura, ciò che ci sta a cuore è il far presente che amore è tanto il cammino percorso dall'incarnata sostenibilità della Terra che ha portato alla luce l'uomo, quanto l'amore che l'uomo ha profuso nello stare al destino di verità di quel cammino. Quanto poi all'istanza etica, affermiamo che nel voler o dover-essere dell'Etica vi è al fondo un *tentato* rimedio alla persuasione che le cose sono nulla. Pertanto, l'accenno da noi fatto all'etica parla di un inganno da evitare. Un inganno che, secondo noi, nel mettere l'etica a fondamento dell'ontologia, ci allontana dalle radici dell'"è", e ci espone all'essere morsi dall'insidioso veleno del "nulla": il nichilismo, appunto. In conclusione, secondo noi, lo stare ontologicamente sul cammino dell'essere porta a meglio stare all'ascolto del Destino di Verità dell'Essere quale umano cammino che ci sottrae agli avvelenati morsi del Nulla.

messa ad occultare il profondo convincimento per cui le cose, come nascono dal nulla, al nulla anche ritornano[16].

Ciò che notiamo negli scritti della Volpini è che, pur avendo a fondamento del suo pensare e del suo credere la concezione dell'assoluto ed eterno essere dell'"è", parla talvolta con disinvolta naturalezza del "possibile" come del "passare dalla potenza all'atto" allo stesso modo che, con la medesima naturalezza, parla del "creare dal nulla". Che è poi anche quanto fa con il "divenire" quale diventare-altro da quel che si è.

Pertanto, se nell'esprimersi della Volpini mettiamo a confronto il linguaggio discorsivo e il linguaggio mistico-originario (di cui nei suoi libri ne ha dettagliatamente e puntualmente parlato), é quanto mai evidente che quello discorsivo le è dettato dal *dire-nichilistico* della cultura occidentale, e che il suo più autentico e proprio linguaggio è l'ontologico-originario linguaggio dell'esperienza dell'Eterno Tutto-Essere senza Principio e senza Fine.

La Volpini è ben consapevole di ciò che stiamo sostenendo. Infatti è lei stessa a dire che, nel voler comunicare quello che ha sperimentato, essendo obbligata a dirlo nel linguaggio di tutti i giorni, nonostante la fatica da lei impiegata, il risultato ottenuto «è tanto poco da farle cadere le braccia». E ben lo si comprende, perché nell'essere e nel pensare (e anche nel dire) del linguaggio originario non vi è alcuna ombra del nulla, ma tutto è l'"Essere

---

[16] Ed è proprio quella maschera in volto all'uomo che, secondo noi, fa dire alla dottrina cristiana che alla fine vi sarà per l'uomo o l'eterna beatitudine in Cielo tra le braccia di Dio, o l'eterna dannazione tra gli artigli del Diavolo. Ma, guarda caso, c'è anche Sant'Agostino, il quale afferma che i dannati preferiscono il fuoco eterno al divenire "nulla".

senza contraddizioni", e quindi Gioia e Gloria, Amore e Innocenza, Eternità e Salvezza. Ossia, in tutta sostanza, il cuore della sua esperienza è: "la gloria dell'uomo", o "il corpo glorioso dell'uomo" che dir si voglia.

Siamo al finale. A questo punto l'interrogativo che ci poniamo così suona: se a lei che a ha vissuto la gloria dell'uomo, a parlarne le cadono le braccia, che ne sarà di quanto diciamo noi, in questo libro, della gloria dell'uomo? Speriamo che, dopo tanta fatica, non si dica di esso quel che Cristo ha detto di Giuda Escariote: «Meglio sarebbe se non fosse mai nato».

CAPITOLO VIII

L'AUTOCREAZIONE: IL CREARE E IL DIVENIRE
NEL LINGUAGGIO DELLA VOLPINI

L'affermazione da cui partiamo è la medesima di quanto abbiamo detto nel precedente capitolo, e cioè che qualora un qualsiasi lettore fosse preso dall'interesse di leggere i libri della Volpini, s'imbatterebbe spesso in quel parlare quotidiano che, nell'intento di costruire il senso di ciò che vuole esprimere, è quasi incurante dell'ontologica esattezza dei termini mediante i quali lo va ad esprimere. Per cui, se prendiamo ad esempio il verbo "creare", vediamo che negli scritti della Volpini esso si presenta in questi due modi: il *manifestare* "quello che-è" (il dare senso, il significare cioè), e il *far-essere* "quello che non-è", inteso come un "cavarlo dal nulla". Diversità che si può notare nelle due citazioni che seguono, dove vediamo che mentre nella prima (parlando dell'uomo) il termine "creare" è "dare senso" all'esistenza, nella seconda invece il creare è sì ancora inteso come dare senso all'esistenza ma, poiché il senso è visto quale "pienezza d'amore", di esso se ne parla nei termini di "scelta di uscire dal *nulla* dell'esistenza".

Non resta che leggere le due citazioni: «Mi sentirei di dire che nell'uomo c'è l'inizio e la fine di tutto ciò che è senso perché appunto *l'uomo significa senso*: dare senso a sé e a tutto quello che c'è attorno a sé. *Ed è in questo che l'uomo diventa creatore*». (*La Madonna accanto a noi* pp. 78-79. Il corsivo è nostro). Qui chiaramente il creare è "dare senso", mentre, nella citazione che segue, il creare è "dare-senso" attraverso una scelta che porta all'"Essere" provenendo dal Nulla. «Maria è dunque l'essere umano che dalla sua natura finita si è fatta persona infinita, ovvero umanadivina. [...] Ella ha sconfitto la morte anche fisica perché ha scelto l'amore, *Essa è* _uscita dal nulla dell'esistenza_ *dando al suo esistere il senso dell'amore*. Ella ha vinto la paura dell'ignoto, ha rotto *la concezione di nullità* ed obbrobrio e finitezza che l'essere umano aveva di sé. Ella è immacolata perché ha osato concepire *la possibilità di trasformare la sua natura attraverso la sua elezione-scelta*». (Op. cit. p. 76. Il corsivo è nostro).

E qui, come si può notare, la Volpini in quel "uscire dal nulla dell'esistenza" pone una intricata questione, in quanto, proprio nella sua esperienza di veggente mistica, al mondo c'è solo il "corpo glorioso dell'uomo" (come dice nell'ultimo capitolo di *Resurrezione di Dio*).

Insomma, in quel che ha visto nelle ottanta apparizioni della Vergine, il nulla dell'esistenza umana proprio non c'è, tutti gli uomini sono innocenti, e il morire non è "discontinuità di vita" dovuta al peccato, ma è invece "eterna permanenza di vita gloriosa" in cui si passa dal dolore e tremore del Venerdì Santo all'eterna vita gloriosa di una Pasqua di Resurrezione (che è anche gioiosa in quanto in essa viene meno il dolore di ogni contraddizione).

Detto questo, perché la Volpini quando parla dell'"Immacolata Concezione" della Vergine Maria afferma che tanto ontologico e immacolato splendore di vita è il frutto di una sua *autonoma e libera scelta* in cui va a «*rompere in sé la concezione di nullità*"? Da notare che qui la scelta di cui si parla non è quella del Libero Arbitrio, che si rivolge all'*avere-questo* piuttosto di *quest'altro*: qui si parla della Libera Scelta dell'Essere, che non è in mano al volere e sapere dell'uomo ma *viene dall'Alto* dell'imprevedibile volere di Dio (come Cristo dice a Nicodemo in Giovanni 3, 8).

Forse si può capire quello che intende dire la Volpini se stiamo ai *Sermoni Tedeschi* di Meister Eckhart. In essi, lo stare completamente alla volontà di Dio è lo stare completamente donati al suo amore sì da annientare totalmente il proprio egotico amore. «Chi vuole incontrare veramente in sé Dio, deve avere il coraggio di perderlo!» ammonisce Meister Eckhart. Un dire questo che ci rimanda a Cristo in croce, dentro il permanente amore al Padre (che è il motivo per cui a Lui si rivolge), quando gli chiede: «Dio mio, mio Dio perché mi hai abbandonato?» (fermo restando il "sia fatta la tua volontà, e non la mia"). Dove, in tutto questo, è possibile la scelta di uscire dal nulla dell'esistenza in virtù di una totale scelta d'amore. Quindi è possibile che la Volpini parli del nulla non come "contrapposizione all'essere" ma per dire quale è la potenza regale dell'umano "Tutto Amore.

E di questo ne abbiamo conferma nella risposta che la Volpini dà alla Riggi (autrice di un libro sull'esperienza della Volpini). Ecco la domanda: «Ma tu come spieghi la verginità di Maria?». A cui la Volpini: «La Verginità è integrità e amore che sboccia dalla libertà. Tutte le donne se fossero vergini in questo senso, metterebbero al mondo un dio». Qui, come si vede, la libertà della scelta, nel farsi verginità, è integrità d'amore, il Tutto-Essere cioè di un Dio che non ha nulla da spartire con il concetto di nullità. E infatti, se stiamo ai Vangeli, mai l'atto creativo dell'uomo è volontà di potenza, ma è scelta di amore da parte di chi si dispone totalmente al volere di Dio, qualunque cosa ne sia di tale scelta.

Certo, se della creazione se ne parla come di uscir fuori dal nulla dell'esistenza, questa frase vive della contraddizioe che vi è nel parlare del passare dall'essere in *potenza* all'essere in *atto*: contraddizione perché l'Essere per sua natura dice integrità (il

Tutto-Essere) e il concepirlo a bocconi, è un tutt'uno con il non esistere. Diciamo "non esistere", perché se non c'è errore nel nominarlo, il denotarlo come un qualcosa che è, è un'evidente contraddizione. Se con la voce "nullità" la Volpini intendesse alludere, ad esempio, alla pochezza operativa dell'agire uomo, noi non avremmo nulla da obiettarle, appunto perché questo è un modo di dire, e non il darsi dell'essere.

E se poi veniamo al verbo "creare" sarebbe una contraddizione intenderlo come un "venire dal nulla" o il "darsi quel che non c'è". Perché tanto l'Uomo che l'Universo sono per loro ontologica natura manifestazioni del Tutto-Essere, che è tale appunto perché è l'inesauribile Tutto senza Principio e Fine, ossia, il Vivente, come diceva Parmenide[17].

---

[17] Come abbiamo già scritto, oggi taluni scienziati non parlano più di Big Bang ma di Bit Bang, dove a dare vita alla molteplicità dell'universo è la Forma che tutto di sé incoinforma. Quale appunto Matrix Originaria senza principio e fine, come sostiene anche la filosofia di Emanuele Severino. E così come afferma anche la fede cristiana del Dio Uno-e-Trino, dove uomo e universo "sono" sua immagine e somiglianza. Un discorso questo che, nel fare della categoria dell'essere "relazione" non più un accidente ma una sostanza, è venuto a dirci che anche una foglia al vento o un fiorellino di campo non *appartengono* all'Universo (non ne sono cioè una parte) ma *sono-l'Universo.* L'uomo e l'universo sono in salvo non perché sono sempre "sotto" l'amorevole occhio di Dio, ma perché "sono" l'amorevole occhio di Dio. Dunque, come dice il filosofo Severino, ogni cosa che appare all'orizzonte dell'essere e diciamo "che-è" (sogno o realtà che sia) è la manifestazione di un eterno, a cui noi aggiungiamo: in quanto in-co-emerso nella totale ed eterna integrità dell'Essere.

CAPITOLO IX

L'IMMACOLATA CONCEZIONE NEL PENSIERO DELLA VOLPINI

Se stiamo alla dottrina cristiano-cattolica, stando al "quia peccatum, mors" di San Paolo, nessuna creatura umana nasce "immacolata", bensì "maculata" dal peccato d'origine. Quindi, se stiamo alla Volpini, la Vergine nel farsi "immacolata" ha vinto la morte sottraendola al peccato d'origine quale causa dell'umano morire, conferendole così la gioia gloriosa di una "eterna permanenza di vita".

Se il lettore tiene presente quanto abbiamo riportato nel Prologo, vede che nell'esperienza della veggente mistica Volpini non vi è alcuna conseguente relazione tra la morte e la "macchia" del peccato. Tanto che la Verginità di cui parla nulla ha a che fare con la sessualità. Per la Volpini la "carne è innocente" e, nell'amplesso sessuale, se non vi è il dominio dell'uomo sull'uomo, quell'unione è soltanto illibato piacere.

Insomma, stiamo ancora una volta dicendo che l'Immacolata Concezione della Vergine non ha nulla a che fare con il non-essere del Nulla, mentre esprime la sovrana pienezza del Tutto-Essere. Vi è tuttavia da aggiungere che, nella prassi cattolica, la verginità è ritenuta il salvagente di una sessualità intrisa di peccato, e non il progetto di un totale amore.

Detto questo noi, a differeza della Volpini, parlando dell'immacolato concepimento di Maria ci atteniamo pari pari a quanto dicono i Vangeli, stando alla proposta dell'Angelo fattale a nome di Dio, e la risposta di lei: «*Ecce ancilla Domini!*», (Luca 1-38). E dove, mentre

Matteo afferma lapidariamente che «Maria si trovò incinta per opera dello Spirito Santo» (Matteo 1-18), l'evangelista Luca, invece, che quanto alla nascita di Gesù è più informato, precisa che all'affermazione dell'Angelo (il quale dice alla Vergine Maria che in virtù della grazia di Dio partorirà il figlio dell'Altissimo) vi è subito da parte di Lei una rispettosa domanda: «ma come è possibile, visto che non conosco uomo!?». Conosciamo la risposta: «Lo Spirito Santo scenderà su di te, su te stenderà la sua ombra la potenza dell'Altissimo». (Luca 1-35). Il che ci fa dire che nell'*ecce ancilla domini*, vi è l'incondizionata accettazione del fare "la volontà di Dio", che è il marchio di fabbrica dell'amore cristiano a Dio[18].

Il lettore si chiederà perché ci siamo attardati tanto sull'autoconcepimento immacolato della Vergine Maria visto dalla Volpini come *scelta dell'uscita dal nulla dell'esistenza*. Perché, secondo noi, qualora, nel parlare alla gente, per un qualsiasi motivo si conceda al Nulla una qualche esistenza, si rischia di essere di danno all'ascolto dell'uomo più ancora di quanto lo sia l'amianto lasciato lungo le strade. E lo diciamo anche se concediamo alla Volpini che si può pur sempre dire che quel dare-senso all'esistenza può essere inteso come *il manifestarsi di una forma diversa rispetto alla preesistente* (anche se è detta "nulla"); e che si può pur sempre dire di poter trasformare la natura attraverso la scelta, intendendo ciò come un "maturare" rispetto a quel che si-è. Ma quello che ai nostri orecchi fa questione è che, nell'accenno ad una qualche esistenza del nulla, si corre il pericolo che l'ascoltatore finisca con l'anteporre il "dover-essere" dell'Etica all'essere dell'Ontologia.

---

[18] Un concetto che anche la madre di Dio (come sappiamo da Luca) comprese strada facendo. Vedi quanto è detto allorché a dodici anni lo trovò a discutere con i dottori del Tempio.

Perché, secondo noi, è l'Essere il cocchiere che guida l'agire; così come non è sulla coscienza che si fonda l'esistenza, ma viceversa. È insomma cosa ben diversa il fondare se stessi e il proprio agire dentro il "sono" anziché dentro il "devo". A nostro giudizio, mentre il "sono" rinforza l'azione, il "devo" rischia di scoraggiarla, e in essa finire con il ritenersi dei poveruomini, per i quali la miglior soluzione da dare al proprio valer-meno è quella di mettersi al riparo, in qualità di fedeli, a qualcosa o a qualcuno che già-è "valore-ritenuto-compiuto". Per cui diciamo che dal "sono" scaturisce la libertà di coscienza, mentre dal "devo" scaturisce l'aderire obbligato. In cui il fedele, anteponendo il *devo* dell'etica al *sono* dell'ontologia, finisce con il ritenersi figlio di nessuno. Insomma, c'è differenza tra il *costruire la città* e *il semplice accasarsi* in essa.

Ma ritorniamo alla Volpini. Secondo noi, la cultura nichilistica dell'Occidente ha giocato alla Volpini un brutto scherzo, perché dopo aver sperimento nelle le apparizioni della Vergine l'integrità gioiosa e gloriosa del Tutto-Essere, nell'andarlo a predicare ne ha fatto un percorso etico. Non stando quindi al vessillo eterno dell'ontologico *Tutto-è*, bensì nel *devo* etico del non-ancora al servizio del divenire, passando dall'essere in potenza all'essere in atto. Ossia, mentre nell'*essere* dell'ontologia si ha da stare su ciò che per natura si-è, nel *dover-essere* dell'Etica si finisce in mano alla Coscienza che ancora non è in possesso di ciò che *dovrebbe* essere. Sì è però che, allorchè l'essere finisce in un "dovrebbe", ci si trova già sulla pista del "divenire-altro" da ciò che si è. E quindi, dentro la spirale che porta al nulla. A noi pare che, essendo la coscienza sempre "coscienza di qualcosa", a determinare il "che fare" è il "qualcosa", il quale si presenta come Soggetto agente che ha la "coscienza" quale suo "strumento" operante. Quindi, lo ripetiamo, secondo noi è l'esistenza che fonda la coscienza, non viceversa. E l'esistenza non è *avere*-umanità ma *essere*-umanità. Che è quanto dire che senza essere non c'è alcun avere. E per ciò, ancor prima di chiederci che ne è del "devo" di ogni atto di coscienza è necessario chiedersi che concetto abbiamo di uomo.

Come abbiamo detto, vedere la Volpini parlare di dover-essere, ossia di divenire ciò che ancora non si è, è a nostro parere soltanto un infortunio sul lavoro dovuto all'imperante cultura nichilistica dell'Occidente. E questo perché la sua vera esperienza di veggente, tanto nel corpo che nella mente, è che l'uomo è *Gioia della Gloria*, ossia *eterno corpo glorioso*. Per cui, personalmente siamo convinti che lei venga tradita dal "dover-essere" proprio in virtù della sua ardente fiamma d'amore all'uomo, senza avvedersi che in quel *non-ancora* che si è, vi è il *non mai* del nichilismo.

Una vicenda che è proprio strana. Perchè il concetto che ricorre nei suoi libri è che «L'uomo è l'inizio e la fine di tutto ciò che ha senso perché appunto l'uomo significa senso: *dare senso a sé* e a tutto quello che c'è attorno a sé». Dove il "dare senso" è il manifestare della Gnoseologia, e il "sé" (assieme a tutto quello che c'è attorno a sé), è l'essere dell'Ontologia. E una delle tante affermazioni al proposito è la seguente: «Fai da uomo quello che Dio ha fatto da Dio!». Un incitamento che non ha nulla a che fare con la volontà di potenza, ma che invece, stando nel contesto di Gioia-e-Gloria di cui parla, è unicamente la constatazione di ciò che ontologicamente l'uomo "è".

A conferma della concezione ontologica dell'essere-uomo che ne ha la Volpini (per cui l'essere sta a fondamento dell'agire e dove l'ontologico essere dell'Originario è il Tutto-Essere quale negazione assoluta del nulla) sta la concezione che lei ha di quelle che chiama le "esigenze"[19], che sono per lei «l'indefinibile desiderio di pienezza che dà senso alla vita, la sorgente originaria del nostro essere "unico". Persona! Termine che contiene e nello stesso tempo vela quel mistero che chiamiamo Dio ma del quale anche noi facciamo parte». (*Persona e Comunità* p. 30).

---

[19] Le esigenze di cui parla sono: «desiderio di infinito e la naturale paura della morte; voglia di essere amati, accolti e capiti; capacità creativa e una esistenza libera dalla necessità; capacità di relazionarsi quale naturale desiderio di armonia con tutto ciò che esiste; amore di sorgività che vuole espandersi fino a contenere tutto». (Op. cit. p.30). Da cui ne segue, diciamo noi, che tali esigenze, nell'avere la natura ontologica che costituisce l'uomo-persona, sono la negazione di ogni discorrere che vada a legittimare il divenire del creare dal nulla e il divenire-altro da sé. Per cui ai cristiani andrebbe detto: nati non fummo ad essere "fedeli", ma "sovrani". Come si addice ai "nati da Dio" (come dice san Giovanni).

CAPITOLO X

CHE NE PENSIAMO DEL CONCETTO DI PERSONA

Premessa

Per la Volpini, la Persona è il risultato di un passare dell'individuo quale "persona in potenza" all'essere "persona in atto". E questo concetto di persona è tanto più imbarazzante in quanto lei afferma che ad esser persona si può pervenire solo dopo che l'individuo ha preso coscienza di sé, dentro una maturazione di conoscenza (il sapere) e di responsabilità (il fare). «Gli esseri umani, che sono persone in potenza, per dispiegare questa loro possibilità nella realtà della loro esperienza passano un lungo travaglio. [...]. Diventare uomo vuol precisamente dire *crearsi persona consapevole*, distinta, darsi un fine, fare scelte. [...] Ognuno, perché umano, può diventare persona, indipendentemente dai propri modelli culturali, essendo l'unica elezione (che io chiamo autocreazione) che l'uomo, come soggettività, può fare per trasformarsi in originaria identità e storica realtà». (*Persona e Comunità* p. 15. Il corsivo è nostro).

Come si vede, per la Volpini per essere compiutamente uomini, o "veramente" uomini, bisogna diventare persona. La Persona è quindi un tale valore che, per gli esseri umani, più valore non c'è. Al punto che afferma: «Nella mia esperienza mistica, dentro la nostra cultura cristiano-occidentale, ho capito che *Dio non è divino perché è Dio, ma è Dio perché è Persona*». (Op cit. p. 28). L'affermare che Dio è tale perché è Persona, è fare della "persona" un valore assoluto. Ed è proprio quel "valore assoluto" che a noi fa problema, dal momento che dell'assolutezza del valore "Persona" la Volpini ne parla in termini di un divenire, che prima, in quanto "individuo", valore assoluto non è.

Quindi, per la Volpini, l'uomo al suo nascere è soltanto "individuo" e solo a determinate condizioni può divenire "persona". Un concetto, questo, che noi assolutamente non condividiamo. Dato che mette una divisione tra l'individuo, che appartiene alla categoria dei non-veri-uomini, e le persone che sono i-più-veri-uomini: la massa umana di contro all'èlite aristocratica. Ed è evidente che, poiché si diventa persona dentro una scelta cosciente, il cerebroleso, ad esempio, si presenta come un predestinato (da Dio o da che altro?) a non essere persona. Come il lettore avrà notato, abbiamo dedicato il libro a tutti i cerebrolesi di questo mondo, e poiché con un gruppo di essi per anni abbiamo convissuto, se dentro questo libro qualcosa di umano può esservi, è a loro che lo dobbiamo.

Per noi, come abbiamo detto, la Persona è "figura speculativa" emersa da secoli di riflessione nell'intento di specificare il significato dell'umana esistenza. A sostegno del nostro punto di vista si veda l'intervento di Carmelo Vigna: *Sostanza e relazione* (*Una aporetica della persona*) in *L'Idea di Persona* (Autori Vari, Ed. Vita e Pensiero, Milano 1996). Scrive Vigna: «Si sa che persona è figura speculativa nata con la cultura cristiana. In effetti, è stata la riflessione trinitaria e cristologica tra il IV e VI secolo, quella dei Padri latini (da Tertulliano ad Agostino) e dei Padri greci (i Cappadoci soprattutto) a introdurla progressivamente». (Op cit. p. 175). E si veda al proposito anche il libro di Andrea Milano: *Persona in Teologia. Alle origini del significato di persona nel cristianesimo antico.* (Ed. Dehoniane, Bologna 1987).

In realtà, se guardiamo bene, si può dire che di concetti di persona ve ne sono tanti quanti i ricercatori in gioco. Ma si può tranquillamente affermare che il convincimento più radicato nelle menti degli studiosi chiamati in causa è che il tragitto fatto dalla speculazione sul concetto di persona sia partito dalle diatribe dei Padri della Chiesa cristiana. Ed è anche pressoché unanime il convincimento che, a segnare quel tragitto, sia stata la speculazione trinitaria alla ricerca di come definire le figure e i nomi evangelici di Padre, Figlio e Spirito Santo dentro una relazione che, mentre li differenzia, anche li accomuna, sì da essere un Dio Uno-e-Trino[20].

Se fin qui il discorso fatto sulla "persona" riguarda la speculazione teologica, quanto segue è invece il concetto di "persona" visto alla luce della razionalità filosofica. E in questo, il punto da cui si ha da

---

[20] In questa ricerca vi fu un'acerba diatriba tra i Padri della Chiesa latina e i Padri della Chiesa greca. I primi, a volere che quelle distinte-realtà fossero chiamate "pròsopon" (cioè "persona", termine "teatrale" in cui l'ampliato "per-sonare" della voce dentro la maschera in volto fece della maschera "il personaggio" che la indossava); e i secondi, che proponevano invece il termine "ypostasis" che, nel suo "stare-sotto", era a loro dire molto più indicato a significare il fondamento dell'universalmente-indispensabile. In conclusione, passò la proposta dei Padri Latini e, sebbene con fatica, si venne a un comune accordo dichiarando che le tre persone trinitarie sono "relazione-consostanziata". Un concetto che venne a mutare *la relazione* quale "accidentale" categoria dell'Essere aristotelica, in "sostanza" e dove, nel coesistere di una *cum-sub-statiata-relatio*, meglio si andava ad evidenziare *l'incoemergere di unità-e-differenza dell'uno dentro l'altro*, e cioè la *peri-co-resi* (in greco) e la *circum-in-sessio* (in latino). Solitamente i teologi che discettano sulla questione trinitaria ne vedono i concetti fondamentali in queste tre evenienze: le processioni, le relazioni, le persone. Il parlarne sarebbe per noi l'andare fuori strada. Ci basta annotare che mentre le "processioni" dicono l'agire-proprio delle tre distinte persone, le "relazioni" ne dicono invece la loro unità.

partire è la definizione che della persona ne dà Boezio: «*rationalis naturae individua substantia*». Definizione che s'attiene alla procedura classica che individua l'essenza di un ente mediante genere e specie. E dove, tuttavia, tanto il termine "individuale" come il termine "sostanza", la fanno radicalmente a pugni con la "relazione-consostanziata" di una unità al contempo una-e-trina espressa dal dogma trinitario cristiano, in cui appunto la Persona è anche Comunità.

Se al proposito passiamo a parlare di Tommaso d'Aquino, ci attende una sorpresa: ed è che l'Angelico Dottore, pur essendo intenzionato a fondare la persona ontologicamente e quindi a parlarne come di un *"actus essendi"*, tradito dall'idea che la creazione dell'anima avvenga solo dopo l'animazione fetale in seno alla madre, finisce con il fare di Dio il vinaio che imbottiglia l'anima immortale (il distintivo più distintivo dell'umana persona) dentro il corpo mortale dell'uomo[21].

---

[21] Quanto alla nascita della coscienza umana rimandiamo il lettore a quanto diciamo in Appendice. Quel che qui ci preme dire è che la dottrina cattolica, nella difesa degli embrioni, non accetterebbe mai quanto l'Angelico Dottore dice di essi, i quali essendo, secondo lui, pura materia sensibile ancora senz'anima, alla finale risurrezione dei corpi non ci saranno. Ma, al di là di una tale materialistica generazione umana, quel che conviene considerare è *quanto* l'idea platonica di corpo e anima abbia influenzato la dottrina cattolica (e in essa tanta parte dell'Occidente). Sappiamo infatti che Platone, nella tripartizione dell'anima, voleva legittimare l'ordinamento politico della città, dove a reggerla vi sono i filosofi che conoscono la verità della mente, e dove a difenderli ha da esserci il cuore coraggioso (l'*animus*) dei guerrieri, gli uomini armati cioè, il quali, al fine di conservare il sapiente ordinamento dei reggitori filosofi, devono tenere a bada la passionale e sempre turbolenta parte inferiore dell'anima costituita da contadini, artigiani, commercianti... fino agli schiavi e, infine, all'irrazionale corpo-e-mente della donna.

Ma non è possibile parlare di "persona" senza accennare, sia pure di sfuggita, al Movimento di pensiero-e-azione che ha preso il nome di "Personalismo". Movimento che si caratterizza più per la sua sollecitazione etica che per la formulazione ontologica. Ne è prova il personalismo di Lacroix e Mounier (le prime figure di quel Movimento) per i quali la persona è chiamata a prendere responsabilmente posizione nei confronti della natura, della società e della storia. Per Mounier, infatti, "vocazione, incarnazione e comunione" sono le tre dimensioni della persona, dimensioni che la sollecitano ad avere precisi doveri di comunione con l'intero universo, fuori da ogni individualismo e totalitarismo. E poiché per Mounier l'essere-persona è un risultato da raggiungere, il lettore sa che, quanto ai concetti che affermano il *divenire persona*, non siamo d'accordo. Secondo noi, infatti, persona ontologicamente si è, e il divenire ciò che si è, è contraddizione[22].

Ma veniamo a noi. Abbiamo detto che le definizioni date all'esser-persona sono all'incirca tante quante il numero delle persone che se ne occupano. E siccome tra queste ci siamo anche noi, ecco il nostro punto di vista. Riteniamo che la persona sia una struttura speculativamente composta da quattro elementi. Tenendo presente che, in ogni struttura, qualora uno degli elementi strutturali che la compongono venisse meno, l'intera struttura si dissolve. Ma si ha anche da tener presente che per noi il termine "persona" è un'attribuzione speculativa dell'esser-uomo, per cui i quattro elementi di cui parliamo, stanno a dire chi è per noi l'uomo.

I quattro elementi ontologici di cui parliamo sono:

---

[22] Non è certo un caso se il tomista Maritain si trovò ad essere, in seno al personalismo, più interessato all'ontologia che all'etica.

a) *l'esser-sé*, ossia l'esser autonomamente propri a se stessi, che conferisce alla persona l'*originarietà* (per cui ognuno è integralmente ed eternamente sé);

b) *il non poter essere altro da sé*, che le conferisce l'*unicità* (evidente conseguenza dell'originarietà dell'esser-sé);

c) *l'inviolabilità*, ossia l'essere-di-se-stessi, l'appartenersi al punto di essere-propria-personale-sovranità;

d) *la relazionalità*, e cioè l'essere-relazione, che sta a dire la necessaria coappartenenza dell'uomo all'essere-del-Tutto: necessità e totalità che sono racchiuse nel concetto stesso di relazione cocepita come sostanza che dice, appunto, la necessaria pluralità, ossia il Noi, e cioè, "i due differenti" embricati in un'unica realtà.

Ed è proprio dentro questa relazione, originaria, unica, inviolabile e comunitaria dell'esser-sé, il motivo per cui, secondo noi, persona si è, e non si diventa! Un concetto, questo, che sta a dire che l'uomo, solo per il fatto di essere "carne umana", è l'incarnazione di quella speculativa struttura che chiamiamo "persona". E diciamo che, a ben guardare, in questa relazione "cumsubstantiata", due sono le conseguenze più proprie. La prima, è che ogni cosa che appare all'orizzonte dell'essere (sogno o realtà che sia) è un "eterno"; e la seconda è che essa, nel Destino di Verità dell'Integrità dell'Essere, non è parte del Tutto (non appartiene cioè quale "parte" all'universo), ma *è* la totalità del Tutto-Universo.

Come abbiamo già detto, se un fiore di campo o una foglia al vento pretedessero di essere un tutto a sè, cadrebbero immediatamente nell'impossibilità del nulla. Così come accadrebbe all'universale Tutto se accettasse una simile pretesa: due *Tutto* infatti non possono esistere[23]. (Vedi nella dottrina cristiana le tre persone divine che sono un unico Dio).

Se il lettore si riporta ai punti salienti del nostro credo filosofico, può constatare che la nostra definizione di persona parte di là. Infatti, stando a quel credo, ogni essente è, per sua natura, un eterno-esser-sé. Il che vuol dire che nel suo eterno-esser-sé non può divenire altro-da-sé, ossia non può non-essere ciò-che-è, e quindi non vi è alcun "finalmente" a cui debba pervenire, passando dall'essere-in-potenza all'essere-in-atto. E, inoltre, qualora non fosse *ontologicamente relazionato* al Tutto, nella sua alienazione altro non sarebbe che "nulla". Dal che si vede che, per noi, non vi è nulla di incoativo nell'essenza dell'uomo, proprio in virtù dell'eterna integrità dell'Essere. Se dovessimo dire in due parole il diverso modo con cui noi affrontiamo il concetto di persona rispetto alla Volpini, è che mentre noi guardiamo ad essa a partire dal punto di vista dell'Ontologia, lei s'attesta piuttosto sul punto di vista del mandato dell'Etica, in cui a dare senso alle cose è l'imperativo della Coscienza. E mentre noi, stando all'Ontologia, parliamo dell'essere-uomo-persona come di un essente che assolutamente "sta", lei invece dell'essere-uomo-persona ne parla come di un processo che alla fine "diviene".

---

[23] Quindi di ogni cosa si ha da dire che non *appartiene* all'Universo ma lo *manifesta*, dato che in esso vi-è *in-co-immersa*. Va detto anche che, qualora l'uomo (e l'essere-persona) non fosse ontologicamente "relazione", mai potrebbe "mettersi in relazione". Ci spiace di non poterci intrattenere a lungo sul concetto di relazione e quindi sul concetto di comunità. Non tanto per l'averne già parlato in un precedente libro (*Impresa civica. Persona e Comunità*), quanto perché il cammino percorso dall'inesauribile "*Incarnata sostenibilità della Terra*" (un altro libro che abbiamo scritto) porta *all'incoemergere quale essere-umana-comunità*: una Terra che non accomuna è infatti una terra alienata dalla persuasione nichilistica della realtà.

CAPITOLO XI

I RISCHI CHE CORRE LA PERSONA CONSIDERATA COME SUPREMO VALORE

Osservazioni preliminari

Sia ben chiaro che, nonostante quanto abbiamo detto della visione della persona quale valore, nel pensiero della Volpini, in quel che ora stiamo per dire dei rischi che tale visione corre, la Volpini non c'è più, e se c'è, vi è solo come occasione per andare a dire il nostro punto di vista a proposito del "valore" persona. Il che sta a dire che, in questo capitolo, è soprattutto di noi che parliamo, ossia della difesa che facciamo delle quattro attribuzioni cognitive della struttura "persona" da noi individuate: originarietà, unicità, inviolabilità, relazionalità. In altre parole, siamo qui a dire che è nell'essere-uomo che vediamo il fondamento e la fonte di tutti i valori che lo riguardano, e proprio per il semplice fatto di "essere-uomo". E diciamo anche che, qualora invece della "persona" se ne parlasse come di un *valore da attribuire* all'uomo, allora un tal dire lo riterremmo perfettamente in linea con tutto ciò che abbiamo detto dell'uomo quale Gioia della Gloria, o Corpo glorioso.

Detto questo, il nostro dissenso nei riguardi del concetto di "persona" che ne ha la Volpini, è dato dalla distanza che lei pone tra l'essere-uomo-individuo e l'essere-persona. Lì dove sostiene che l'uomo nel nascere "individuo" ancora "persona" non è, e che può (e deve) diventarlo, prendendo coscienza del proprio esser-sé.

Per noi, una tale distinzione è una vera e propria "frattura ontologica", in cui la persona in potenza dice il "non-essere" di contro alla persona in atto che dice l'"essere". Sosteniamo inoltre che, dal punto di vista ontologico, anche se il non-essere fosse considerato come un non-ancora, nel suo non-ancora è "nulla" rispetto all'atto d'essere (in quanto c'è di mezzo il divenire): la conseguenza che ne traiamo è che l'individuo che *diventa* persona si trova confinato nel non-essere del *nulla*. E, in questo, siamo quindi alla nientificazione dell'essente. Nientificazione che, appunto, consegue dall'avere una visione incoativa dell'essere-uomo, mediante la quale l'ontologia dell'essere-uomo, finisce dentro i limiti del tempo (il prima e poi) che vanno alla fine a parlare di lui nei termini di più o meno-uomo, ossia della differenza tra uomini compiuti e uomini non-ancora-compiuti, di uomini veri e uomini meno-veri. Divisione che è tragica, in quanto la natura umana si troverebbe ad essere ancora "massa di individui" in perpetuo cammino, destinati ad essere insaccati dentro il non-essere del nulla. Che è alla fine il risultato a cui si perviene allorchè, diciamo noi, la persona (e con essa l'uomo) vengono fondati sulla coscienza anziché sull'esistenza[24].

---

[24] Stiamo dicendo al lettore che siamo contrari ad ogni visione aristocratica e/o meritocratica della Persona: "aristocratica", quando il "miglior-essere" è determinato dall'intelligenza (il sapere della consapevolezza), e "meritocratica", quando il "maggior avere" è assegnato al maggior volere-etico della coscienza (Einstein nel primo caso, Sua Santità nel secondo). E poiché siamo in nota, ci piace riportare che ne pensa Severino dell'Uomo visto quale manifestazione del Destino di Verità dell'Essere, e quindi visto come "Io" dell'"universale natura umana", e non dell'uomo quale singolo "io" (ossia, Caio o Sempronio). Riportiamo perciò ciò che risponde Severino a un intervistatore che, in una conferenza, gli ha chiesto chi è per lui l'Uomo. «L'Uomo è l'apparire eterno degli Eterni. L'Uomo è il Destino (il Destino della Verità dell'Essere). L'Uomo è il luogo che accoglie ogni sopraggiungere ed è questo luogo in quanto è la manifestazione eterna di ciò che è, e la manifestazione dell'eternità di tutto ciò che è, e della

I rischi di cui parliamo

I rischi sono quelli che corre il valore "persona" dal punto di vista ontologico. Rischi che corrono tutti i valori quando s'instaurano a interrompere o a vanificare i processi sostituendosi ad essi. Questo avviene allorché il valore (considerato, nell'agire, punto di partenza e termine d'arrivo) finisce con l'imporsi come realtà già conseguita solo per il fatto di averla posta. Basta la parola, si diceva un tempo. Attribuendo in tal modo alla parola il potere magico di agire come fosse una persona. E l'"ipostatizzazione del valore" si ha proprio quando un valore agisce come fossa "persona"[25].

Forse il modo più comprensibile per dire che significhi l'"ipostatizzazione di un valore" è quello di ricorrere a degli esempi. E, tra i molti, ne scegliamo due.

Primo esempio. Da noi, in Italia, qualora un uomo politico voglia avere voti a sostegno della propria campagna elettorale, pur

---

necessità che gli eterni (l'eterno essere di ogni cosa) si facciano innanzi senza posa, cioè procedendo da una fonte inesauribile, e tramonti ogni scetticismo da parte di coloro che pensano che il Destino dell'Essere sia una cosa da mettere tra parentesi. Questo atteggiamento che isola la Forza del Destino (come fa il Nichilismo) è destinato a tramontare. Dunque, che cos'è l'Uomo? L'Uomo è l'apparire eterno del sopraggiungere senza posa degli eterni, dove il percorso costituito da questo sopraggiungere porta al tramonto di ogni negazione, scetticismo, supponenza e indifferenza rispetto a ciò che abbiamo chiamato Destino della Verità dell'Essere». E anche noi, come lui, non nominiamo mai la voce "persona", e se lo facciamo, è solo per rispondere a chi ce ne parla.

[25] Abbiamo già detto che "Ipostasi" (dal greco Hypostasis: lo stare sotto a sostegno) è il nome che nella disputa trinitaria i Padri greci proposero di contro al termine Persona (Pròsopon) sostenuta dai Padri latini, sopra tutti, da Tertulliano.

essendo magari un dongiovanni, o che altro del genere, sa che se ricorre al nome *famiglia* (il "bene-famiglia") quel nome, lo fa "persona onorevole" tanto in piazza, quanto nei tribunali e nel vivere privato, al punto da essere, con presumibile certezza, votato alle Elezioni Politiche. Il guaio, però, è che l'imporsi della famiglia come valore ipostatizzato travolge l'essere-famiglia, perché non è più la qualità degli umani che la compongono a darle senso e valore, ma appunto l'*agire magico* della parola "famiglia". Ipostatizzazione, questa, che pone quale "essenziale sostanza" l'Istituzione, e relega *gli uomini* a fare gli "accidenti" in casa[26]. Per non rischiare di essere tacciati di moralismo, nel parlare dell'ipostatizzazione della famiglia ci fermiamo qui. Pur restando convinti che questo modo di ipostatizzare la famiglia è una mala ombra sociale, che lascia a suo strascico l'instillare tra la gente il non amore e il non senso della famiglia[27].

---

[26] In tal modo, anche si riduce la famiglia a figli che fanno figli, facendo così della famiglia la tomba del cittadino. E se è vero che un tempo succedeva di frequente che a sposarsi non fossero le singole persone ma i casati, quel tempo non è poi del tutto trascorso se pensiamo all'eco sociale che hanno nei mezzi di comunicazione taluni matrimoni dove a sposarsi sono le aziende, o la celebrità in un qualche mestiere.

[27] Gli esempi di ipostatizzazione di ciò che viene ritenuto valore, a volerli descrivere tutti, una enciclopedia non sarebbe sufficiente. E siccome siamo in nota, non dispiaccia al lettore se gli parliamo di un valore ipostatizzato che (pur essendo all'apparenza irrilevante) è tanto caro alla città in cui per anni abbiamo vissuto. Una città che si autodefinisce "città d'arte e di luce". Una scritta che giganteggia sull'alto delle mura ad ogni entrata in città. Ma se c'è passante che si soffermi a contemplare lungo le vie o dentro i musei di quanta arte e luce è adorna la città, non è certo un suo cittadino. Per cui, di fatto, il fregio che ostenta quell'arte e luce ipostatizzate, è là unicamente a parlare ai turisti che, invero, affluiscono numerosi in tutti i mesi dell'anno. Ma (e non è un servizio da poco), vi è anche da dire che quella insegna serve pure a dare una qualche preziosità e rinomanza di arte e di

Abbiamo detto che il rischio che corrono tutti valori è quello di fermare o vanificare i processi, sostituendosi ad essi. In quanto, anziché ricevere ordini dalla qualità dei procedimenti da mettere in atto per un determinato percorso, fermano la sequenza logico-processuale, perché *basta il valore.* In tal modo, il valore, anziché essere strumento dell'agire va a negarne il funzionare, ponendosi come *il tutto:* il serpente uroboro che si nutre di se stesso mordendosi la coda.

Il secondo esempio di cui intendiamo parlare è il rischio che corre un determinato valore quando, invece di attenersi all'*ordine proprio del procedere* di cui è valore, s'impone come *predicazione* di un magico dettame tuttofare. Abbiamo detto "predicazione", per cui l'esempio riguarda l'essere e l'agire della comunicazione. E il rischio di cui parliamo è proprio quello a cui va incontro un valore quando l'empito etico lo *predica* dentro la scelta del "dover-fare tutto-e-presto", data l'importanza del bene-valore da conseguire. Stiamo cioè parlando di un salto di quaglia da evitare. Perché sarebbe un bel guaio se dentro la predicazione di un valore suggerissimo all'ascoltatore che basta la "scelta" per essere "se stessi", o per essere "amore" o "persona": come a dire, che una volta fatta la scelta, il risultato viene da sé! A nostro avviso, invece, quel cammino è così travagliato e accidentato che senza il "prova e riprova" quella scelta porta ad illudere, non a conseguire un fine. In quanto, se è dell'agire umano che si tratta, il "qui-tutto-presto-e-bene" non

---

luce al vino, le pesche, i pomodori e gli ortaggi vari da esportare tanto in altre città d'Italia che all'estero. (Se poi il guardare del turista sia un riempirsi gli occhi e l'anima di luce e d'arte, questa è cosa tutta da dimostrare, in quanto, spesso, il non perdere l'occasione di vedere ha più valore del vedere).

rafforza l'impulso ma lo debilita, sì che già dentro i primi impotenti tentativi, l'impresa è già alle ortiche. E questo perché nella vita dell'uomo è per lo più il travagliato cammino a porre le condizioni, i mezzi e i tempi di cui ed entro cui scegliere. Ed è abbastanza evidente che, se il valore da conseguire è quello di essere-persona (tanto più se considerato "valore supremo"), la semplice scelta, per quanto sia un ragionevole strumento della volontà, non ha nulla di taumaturgico, nulla che le garantisca un risultato immediato in un percorso così lungo e travagliato.

Quanto diciamo potrebbe sembrare un freno all'agire, mentre invece noi riteniamo che il guardare in faccia la complessità dell'agire sia l'unico modo per restare vigili nel "permanente operare" dell'azione. E inoltre, diciamo che il rischio che spesso corre l'infuocato *scegliere* dell'Etica è proprio quello di indurre chi ascolta a sentirsi appagato dal sapere che *basta il volere* per avere tutto e subito: una fretta che alla fine riduce l'operare al vaneggiante modo di chi è lì ad arare il vento o a zappare il mare[28].

In altre parole, stiamo dicendo che la scelta, che è pur tanto necessaria a saltare dentro lo stagno a chi decida di fare il bagno, non è che ti aiuti a venirne fuori se non apprendi a nuotare. Con questo intendiamo dire che, nel discorrere di un valore da scegliere, si ha da fare attenzione a che la scelta non sia il tocco magico che garantisce l'acquisto. Perché il rischio che corre chi così ne parla è quello di tradurre l'interloquire tra i parlanti ad una predicazione fatta da chi ha (da chi è e da chi sa) a chi ancora non ha (non è e non sa), che porta alla fine l'instaurare nell'ascoltatore il meno-essere

---

[28] Quale esempio, non resta che ricordare la descrizione che la Volpini fa dei fedeli oranti nella visita da lei fatta in quel di Medjugorje.

quale risultato del meno-avere. È questa l'arte che di un "uomo" ne fa un "fedele", il quale, per non lasciarsi stroncare da un "inaspettato bene" che gli cade addosso a ghigliottinarlo, preferisce mettersi al sicuro all'ombra del predicatore, che tale non potrebbe essere se non fosse un vero-uomo (perché è "persona") rispetto a lui che vero-uomo non-è (perché ancora è solo "individuo").

Nell'andare a parlare dell'uomo stando sull'ontologia (che tutti, alla pari, ci accomuna) occorre tenere presente che la storia dell'uomo è storia di ricerca umana, dove i valori ci sono sì, ma questi, per essere veramente tali, devono restare ancorati all'ontologia dell'umana esistenza, e non fondarsi sull'etica della coscienza. Per questo riteniamo che, qualora essi siano fondati sull'esistenza, anziché essere sigillo discriminante tra uomo e uomo, tra nazione e nazione, tra cultura e cultura, tra fede e fede, saranno invece la ricca differenza di una comune umanità. Un credere che discrimina, non ha nulla del "credere", bensì ne è solo la sua negazione, in quanto nel de-cidere, stronca ed elimina.

Concludendo: quando è la coscienza che fonda l'esistenza (e non viceversa), l'"essere" diventa un "dover-essere" (o "scegliere di essere"), e ci presenta una concezione incoativa dell'umana esistenza facendo sì che l'uomo, stando ad essa, si trovi ad essere, prima, persona in potenza, e cioè meno-vero-uomo, per diventare poi un più-vero-uomo quando prende coscienza di che cosa significa essere persona in atto.

Secondo noi, è quanto mai evidente che, in tale visione incoativa dell'esser-uomo, in quel *divenire* da uomini incompiuti a uomini compiuti, l'ontologica gloria dell'uomo non è più tale e, se stiamo al cristianesimo, gli uomini non sono più nati da Dio, ma sono unicamente il risultato di un compito etico che dell'essere ne fa il dover essere del divenire. Che, per noi, è il brutto scherzo che gioca all'esser uomo il quotidiano linguaggio nichilistico dell'Occidente, che dell'essere ne fa il dover-essere di un divenire-altro da ciò che è. Dove, a ben guardare, quel divenire-altro, è per l'uomo la porta d'ingresso del *venire dal nulla* per *al nulla tornare*.

APPENDICE

LA NASCITA DELLA COSCIENZA
NELLA CONCEZIONE DI TALUNI SCIENZIATI

Parte prima: Il Bit Bang e l'olografica Matrix dell'universo

L'appendice è stata scritta a dire che l'Organismo-Vivente-Universo, tramite la Madre-Terra, giunta al culmine del suo percorso di vita ha incoinformato di Sé la coscienza umana.

Il Bit Bang nasce dalla domanda che intende sapere "che cosa è" ciò che è esploso come massa ed energia. In altre parole, se il Big Bang è uno scoppio, che cos'è il Quid che è esploso come massa ed energia? Va da sé che se il *Big* Bang è manifestazione di qualcosa, volendone parlare, il nome più appropriato è il dirlo *Bit* Bang, cioè *scoppio informativo*.

Il primo ad esprimersi in tal modo fu il fisico-informatico statunitense Doug Matzke, seguito a ruota dal fisico teorico Archibal Wheeler, che si è anche lui reso conto che l'Universo appare esser fatto di Bit di informazione piuttosto che di Big di materia ed energia. *In Principio* dunque, vi è *la Forma che incoinforma*. Infatti massa ed energia, senza la forma che le "informa", altro non sarebbero che un mucchio di frammenti senza senso, dato che a conferire il senso alle cose è la Forma. Per cui, qualora nella necessaria congiunzione di energia e forma si vada a porre l'energia al servizio della forma (e non viceversa), ci si trova in presenza di una innovazione densa di significato. Ad esempio, è forviante, stando alla forma che incoinforma, parlare di "causare" e di "produrre": questi verbi hanno da essere sostituiti *dall'informare del manifestarsi*. In altre parole, stiamo dicendo che quando la spinta energetica è sostituita dal significare della forma, questa fa sì che il produrre del causare venga ad essere sostituito dal manifestarsi del significare. E non è certo leziosità il fare della forma il cocchiere che ha nella sua mente la strada da percorrere, e dell'energia lo strumento necessario alla meta da raggiungere.

E se parliamo di una innovazione densa di significato è perché quando, all'inizio della strada da percorrere, vi è *la forma-che-informa*, il coinformato non può darsi-a-caso (dentro cioè la costrizione di una indeterminata realtà), bensì si trova ad essere dentro il permanente apparire di un percorso teleologicamente da sempre e per sempre in-scritto nell'incarnata sostenibilità dell'Universo. Come vuole appunto il Destino della Verità dell'Essere che, nel suo percorso, incontra solo e sempre la Verità di Se Stesso.

Stando così le cose, la *Forma* che nel Bit Bang informa di sé l'Universo si presenta come *Matrix Originaria* di tutto ciò che appare all'orizzonte dell'Essere[29]. Cioè a dire, la Matrix dell'Universo, data la sua natura ologrammatica, è la Forma che di Sé tutto *in-co-informa*, e l'Universo è un *organismo vivente* in cui e da cui ogni "è" che appare all'orizzonte dell'Essere in-co-emerge nell'"eterno-esser-l'un-dentro-l'altro", sia che si chiamino foglia-al-vento o Papa Francesco, o Berlusconi, o Tina Benaglio e Carlo Bonetti. Ed è proprio per la natura olografica della Matrix universale che materia e spirito si trovano ad essere due menifestazioni fenomenometriche della medesima realtà.

---

[29] Vi è da dire che Essa ha avuto dagli scienziati nomi diversi, a seconda dell'ipotetico cammino fatto per andarla ad individuare e descrivere, per cui c'è chi la chiama "Campo del Punto Zero", chi "Campo di Plank", chi "Potenziale quantico" e altro ancora.

Vi è anche, al proposito, da tener presente che a una tale conclusione c'è chi vi perviene tanto al termine di un percorso filosofico, ad esempio, il Destino della Verità dell'Essere, in Severino; o scientifico, come fanno Bohm, Hiley, Aspect, Penrose, Hameroff, Pribram, Garaiev, l'italiana Paola Zizzi ed altri; oppure religioso: il *Dio Uno-e-Trino* dei cristiani, il *Campo Askasico* quale olocampo basato sul vuoto, caro ai primi veggenti induisti o, *Isvara* (il Signore) per gli induisti in genere, o *Yahweh* per il popolo ebraico, o *Allah* per gli islamici e così via.

Ma vi è anche un altro dato importante da tener presente per ciò che riguarda l'Universale Matrix quale organismo vivente (ossia, l'Universale Madre del vivente). Poiché essa è Forma che in-co-informa di Sé *vitalmente* ogni cosa, é a lei, alla sua vitale in-co-informazione, se materia ed energia non sono puro ammasso di frantumi. Appunto perché è dentro la Sua organica mediazione che le cose hanno in sé il dosaggio necessario all'auto-generazione o alla molteplice diversità dei viventi. Da qui il teorema: *se ogni cosa nell'Universo è dotata di senso, lo deve alla Forma entro cui e da cui è stata in-co-in-formata dalla Universale Matrix Originaria di cui è manifestazione.*

Parte seconda. Che ne è della Nascita della Coscienza nella concezione di taluni scienziati di Fisica Quantisica, Neuroscienza e Anestetica

Gli scienziati di cui parliamo sono: il genetista Gariaev, il fisico quantistico Bohm, il neuroscieziato Pribram, il cosmologo Penrose e l'anestesista Hameroff. Di essi ne parliamo dentro un semplice accenno che ha solo l'intento di invogliare il lettore a leggere i seguenti due libri: *Entanglement.* (*L'intreccio nel mondo quantistico:*

dalle particelle alla coscienza) di Massimo Teodorani, Macro Edizioni, e *La sienza della vita. (Le connessioni nascoste fra la natura e gli esseri viventi*) di Fritjof Capra, Bur Edizioni.

Quanto a Garaiev, importa sapere che, secondo lui, all'interno degli organismi biologici complessi, come ad esempio il corpo umano, le cellule possono sapere l'una dell'altra istantaneamente. «L'intelligenza non la possediamo solo noi ma anche le basi cellulari dei nostri corpi» dice, tenendo presente che tutto questo ha luogo completamente al di fuori di un contesto di causa ed effetto. Secondo Garaiev noi dobbiamo la vita e l'intelligenza che vi alberga alla non-località dei processi informativi che hanno luogo nella struttura intima delle cellule, le quali assicurano ad un determinato organismo una specie di super-coerenza e coesione all'interno di un tutto perfettamente coordinato in grado da garantire l'integrità.

Quanto a Bohm, importa sapere che, mentre per Heisenberg dentro la natura quantistica della realtà tutto è indeterminato, per lui invece una tale natura, informata dal *Potenziale Quantico* (che è il nome che ha dato alla Matrix Originaria), è "ordinatamente determinata". E infatti la caratteristica del Potenziale Quantico è quella di pervadere tutto lo spazio e, soprattutto, d'influenzare (come struttura puramente informativa) tutti gli oggetti del mondo quantistico in modo completamente indipendente dalla distanza e dalla intensità. In sostanza, l'informazione fornita dal Potenziale Quantico non ha nulla a che vedere con quella fornita da un segnale elettromagnetico. Per cui il campo che si esplica nel Potenziale Quantico, avendo un valore puramente informativo, ha da essere definito "Campo di Forma"[30].

---

[30] La nostra preferenza nei riguardi dello scienziato Bohm è dovuta anche

Quanto a Pribram, dobbiamo a lui soprattutto la concezione olografica del cervello umano. In greco *olos* significa "tutto". Per cui il Modello olografico parla del concetto di informazione globale che lega una parte al tutto, dove cioè la parte si presenta quale "ologrammatico-tutto", in quanto contiene al suo interno una rappresentazione globale dell'insieme da cui deriva. Il che implica, di fatto, una relazione informativa continua, coerente e dinamica, tra le parti e il tutto[31]. Va anche detto che il termine *Ologramma* nasce dal laser, in quanto facendo passare un fascio di luce pura su una lastra precedentemente impressionata si ottiene un'immagine tridimensionale dell'oggetto ripreso che appare nella sua unità. Per cui la lastra dell'ologramma contiene l'intera immagine in ogni suo punto. E cioè, se la tagliuzziamo in cento pezzi, ogni pezzo conterrà l'intera immagine. Ad esempio, detto in povere parole, se abbiamo una cartolina in cui è impressa una rosa attraverso il laser, e la ritagliamo in tanti pezzi sempre più piccoli, in ognuno di essi vi sarà impressa l'intera rosa.

Concetto, quello ologrammatico, che viene da lontano, si veda ad esempio come si esprime il Sutra di una Upanishad:

Quello è il Tutto
Questo è il Tutto
Dalla Totalità emerge la Totalità

---

alla sua concezione gravitazionale del collasso quantistico dove è la Madre Terra (e non l'intervento umano, come sostiene Heisenberg) a dare evidenza alla sovrapposizione quantistica dell'onda di probabilità: collasso dell'onda di probabilità che qui è fatto presente appunto perché è esso che determina l'atto di coscienza.

[31] In Biologia, Varela, per dire tale informazione olografica tra le parti e il Tutto, parla di "risonanza".

La Totalità viene dalla Totalità
E la Totalità comunque rimane.

Penrose. Va detto subito che non possiamo parlare della nascita della coscienza senza vedere in un tutt'uno il pensare del Fisico teorico inglese Penrose e quello dello scienziato anestesista americano Hameroff. Perché se fu Hameroff a trovare le possibili locazioni e strutture nel cervello in modo di permettere dati di computazione quantistica, fu invece Penrose a conferire alla Teoria l'ossatura fisica. Ossatura che egli diede spiegando quali sono i meccanismi fisici che determinano la formazione di momenti di Coscienza nel cervello.

Da notare anche che per Penrose, come è per Bohm, il collasso della funzione d'onda che raccoglie tutti assieme gli stati quantistici all'interno dei *microtubuli* (di cui parleremo nel riferirci ad Hameroff) non va addebitato, come vuole Heisenberg, a processi di misura, ma alla gravitazione propria dell'elemento "Terra". E tanto Penrose quanto Hameroff concordano nel sostenere che la coscienza è un processo che sta al confine tra il Mondo quantistico e il Mondo classico. Si tratta pertanto di un processo che si articola in due fasi fondamentali. Nella prima, abbiamo un *momento inconscio* corrispondente alla sovrapposizione quantistica di tutti gli stati delle tubuline nei microtubuli. (Si tratta di una specie di limbo conscienziale di brevissima durata). Mentre nella seconda parte, abbiamo il momento *conscio* vero e proprio, corrispondente al collasso della funzione d'onda che raccoglie in sé, in un unico stato quantistico il complesso *entanglement* (intreccio) globale che unisce i microtubuli nel cervello.

Hameroff. Volendo parlare di Hameroff, occorre prima dire la funzione che hanno nel cervello umano i tubuli e le tubuline. Nozione che per essere ben intesa esige una lunga premessa. Che parte dal 1963 quando gli scienziati Ledbetter e Portern scoprirono che il cervello umano contiene, all'interno dei neuroni, i microorgani detti appunto "microtubuli"[32], i quali giocano un ruolo determinante sia a livello di coerenza (sincronizzazione della Funzione d'Onda), sia a livello di Entanglement (l'intreccio della non località), sia a livello di computazione quantistica (informazioni e operazioni logiche in base alle leggi della meccanica quantistica). Dove vi è da tener presente che, secondo il *Principio di Indeterminazione* di Heisenberg, nell'andare a trovare la traiettoria di una particella, quella traiettoria viene distrutta. Meccanismo a cui fu dato il nome di "collasso di funzione d'onda". E dove, in questo, c'è anche da dire che, in meccanica quantistica il comportamento di particelle piccolissime è descritto basandosi sulle proprietà ondulatorie della materia, di modo che la "quantizzazione dell'energia" è proprio una scelta di tale proprietà. La quale induce a tener presente che se le Leggi di Newton (le leggi cioè di una Fisica non-quantistica) non possono descrivere il comportamento di

---

[32] Quanto alla descrizione materiale dei microtubuli Teodorani scrive: «Si tratta di piccolissimi tubi allungati, delle dimensioni di pochi manometri di diametro, un po' simili a pannocchie di granoturco allungate, mentre i chicchi di grano simulerebbero proprio le tubuline. Essi rappresentano la struttura più profonda dei neuroni e ne garantiscono la connessione collettiva, dal momento che sono i microtubuli a permettere il trasporto delle molecole neurotrasmettitrici. E queste molecole sono fondamentali per il comportamento delle sinapsi. All'interno di ciascun microtubulo albergano le tubuline, un tipo di proteina. Nel nostro cervello ve ne sono miliardi» (Chi avrebbe mai pensato che il nostro cervello è una sconfinata prateria di campi di pannocchie auto-coscienti!).

particelle piccolissime come elettroni, atomi e molecole, ciò dipende dal fatto che, essendo piccolissime, sono capaci di diffondersi come un'*onda di possibilità*.

Facciamo presente inoltre, ed è un dato importantissimo, che per Bohm non è l'intervento conoscitivo dell'uomo che rende osservabile l'inosservabile (come vuole l'"indeterminismo" di Heisenberg), ma è la stessa essenza gravitazionale nella quale e della quale la Generatrice Madre Terra vive, in quanto figlia appunto dell'Organismo Universo. Il *Vivente*, cioè. Da cui seguono questi due tratti del vivere umano: primo, che la Terra basta a se stessa per fare dell'uomo "manifestazione di autocoscienza" e, secondo, che basta a sé stessa per fare della morte dell'uomo "continuità di vita". Pertanto la morte dell'uomo non è discontinuità, in quanto l'uomo è appunto manifestazione dell'Universo, l'Eterno Vivente. Per cui, la conseguenza più appropriata di questo sta nel fatto che la morte dell'uomo è permanentemente "vita risorta" che, data l'integrità dell'Essere (di cui è manifestazione), è eterna gioia che non conosce contraddizione[33].

Va detto che all'interno dei microtubuli noi abbiamo un ambiente ideale che permette effetti quantistici ben isolati dall'ambiente esterno, e quindi schermati rispetto all'azione deleteria della decoerenza. Secondo Hameroff, i microtubuli presenti all'interno di ogni cellula nervosa (i neuroni) sono in grado di produrre stati di

---

[33] Se vi è tra i nostri lettori chi va a conoscere la filosofia dell'ateo Emanuele Severino vedrà che, per lui, il Destino di Verità dell'Essere porta l'Uomo a passare dal Venerdì Santo (*la Terra alienata*) alla Pasqua di Resurrezione (*la Terra che salva*) in un eterno vivere nella Gioia della Gloria, perché il suo Totale Essere è per sua natura (ontologicamente, quindi) privo di ogni contraddizione.

coerenza quantistica nell'ambito della totalità del cervello in maniera tale che diventa possibile la coerenza quantistica tra le tubuline distribuite nel cervello. Ed è proprio il collasso di tali stati di coerenza a determinare gli atti elementari della coscienza. Sì che, quindi, è tramite i microtubuli che ha luogo il meccanismo della coscienza.

E infatti Hameroff, nelle sue ricerche sui cromosomi, si è reso conto che i microtubuli rappresentano il vero sistema nervoso delle cellule. E sostiene che la struttura di questi microscopici organi cellulari (costituiti da un tipo di proteina: la tubulina) è simile a circuiti on/off di un computer: in tal modo le tubuline, all'interno dei microtubuli, possono giocare il ruolo di Bit quantistici (Qbit). Dunque, i microtubuli sono un luogo ideale affinché le tubuline al loro interno possano permanere per un certo tempo in fase di sovrapposizione quantistica, mentre al contempo i microtubuli presenti nel cervello si trovano tra loro in perfetto stato di entanglement.

Come abbiamo già detto, l'entanglement è l'intreccio in cui permangono due perticelle che hanno interagito tra di loro, le quali, anche se portate a distanze chilometriche, intervenendo sull'una, immediatamente e simultaneamente s'interviene anche sull'altra: il che sta a dire che sono una sistemica struttura. L'entanglement è detto anche *il Principio di non località* perché in esso la immediatezza e simultaneità di un tutt'uno dicono il non aver luogo del qui e là del luogo, né il prima e il poi del tempo[34].

---

[34] Un Principio avversato da Einstein perché la sua simultaneità andava contro la teoria secondo cui nel mondo non c'è nulla che può superare la velocità della luce.

In conclusione, i due geni, il matematico e fisico teorico britannico Roger Penrose e l'anestesiologo e neurobiologo statunitense Stuart Hameroff, unendo il loro sapere e la loro tecnica sono riusciti a mettere in piedi il più sofisicato modello biofisico in grado di spiegare come *incoemerge* il meccanismo della coscienza e quale ruolo ha in tutto questo il cervello[35].

Ci rendiamo conto di aver presentato la nascita della coscienza "a strappi e bocconi", ma era questo ciò che abbiamo voluto fare[36]. Aggiungiamo solo, in breve sintesi, quanto noi sosteniamo, e cioè che l'universo, nel suo essere il Tutto senza principio e senza fine (ossia Eterno organismo), è *Il Vivente*, di cui e in cui è in-co-informata (ossia, l'una dentro l'altra) la vita eterna di ogni essente che appare all'orizzonte dell'Essere. Vita che non è "parte" dell'Eterno Vivente, ma che lo manifesta. Per cui nell'Universo nulla può relazionarsi se non è *sostanziata relazione ontologica*. E questo, come insegna l'olografia, ha come sua conseguenza che ogni singolo ente è l'Eterno Tutto quale Universo Vivente. Perché, come abbiamo già detto, tutto ciò che appare all'orizzonte dell'Essere, di esso ne è *regale progenie, universa* ed *eterna*.

---

[35] È utile sapere come, di contro, si pongono le conoscenze standard alla domanda di come e dove nasce la coscienza. In esse, il modello proposto vede la coscienza come un processo puramente elettrico, innescato da continui scambi di energia che hanno luogo tra neuroni, scambi che avvengono alla velocità della luce, e quindi nel *prima* e nel *poi*, e non *sincronicamente* come vuole invece la meccanica quantistica quando parla di entanglement e olografia.

[36] Di questo, in un modo molto più completo ne abbiamo già parlato nel libro *L'incarnata sostenibilità della Terra*.

Bibliografia essenziale

Arendt Hannah, *La vita della mente*, Ed. Il Mulino, Bologna 1987

Baget Bozzo Gianni, *Quattro presentazioni ai libri di Angela Volpini*, le presentazioni sono quelle dei libri della Volpini qui citati

Bonetti Carlo e Benaglio Tina, *Costruire la Città* (*Impresa civica: Persona e Comunità*), Ed. www.lulu.com, 2012

Bonetti Carlo e Benaglio Tina, *L'incarnata sostenibilità della Terra*, Ed. www.lulu.com, 2018

Capra Fritjof, *La scienza della vita. (Le connessioni nascoste fra la natura e gli esseri viventi)*, BUR Edizioni, Milano 2002

Dal Sasso Andrea, *Dal divenire all'oltrepassare* (*La differenza ontologica nel pensiero di Emanuele Saverino*), ARACNE Editrice, Roma 2009

Eisler Riane, *Il piacere è sacro (Il potere e la sacralità del corpo e della terra dalla preistoria a oggi)*, Ed. Forum, Udine 2012.

Habermas Jürgen, *Il discorso filosofico della modernità*, Ed. Laterza, Roma-Bari 1987

Heidegger Martin, *Contributi alla Filosofia* (*Dall'Evento*), Ed. Adelphi, Milano 2007

Laszlo Ervin, *Science and the Reenchantment of the Cosmos*, Hurra Ed. Feltrinelli, Milano 2008

Maturana Humberto e Varela Francisco, *L' albero della conoscenza*, Ed. Garzanti, Milano 1987

Maturana Humberto e Varela Francisco, *Autopoiesi e Cognizione*: *La realizzazione del vivente*, Ed. Feltrinelli, Milano 1980

Milano Andrea, *Persona in Teologia. Alle origini del significato di "persona" nel cristianesimo antico*, Ed. Dehoniane, Bologna 1987

Morin Edgar, *La sfida della complessità*, Ed. Le Lettere, Firenze 2011

Morin Edgar, *Lo spirito del tempo*, Ed. Meltemi, Milano 2017

Morin Edgar, *Sette lezioni sul pensiero globale*, Ed. Cortina Raffaello Milano 2016

Morin Edgar, *L'uomo e la morte,* Ed. Erickson Trento 2014

Morowitz Harold, *Begginings of Cellular Life,* Ed. Yale University Press, New Haven Connecticut 1992

Prigogine Ilya e Stengers Isabelle, *La nuova alleanza (Metamorfosi della Scienza)*, Ed. Einaudi, Torino 1999.

Severino Emanuele, *La Gloria*, Adelphi Editore, Milano 2001

Severino Emanuele, *Oltrepassare*, Adelphi Editore, Milano 2007

Sudati Ferdinando, *Dove posarono i suoi piedi. (Le apparizioni mariane di Casanova Staffora 1947-1956)*, Ed. Marna, Barzago di Lecco 1997

Teodorani Massimo, *Entanglement (L'intreccio nel mondo quantistico: dalle particelle alla coscienza),* MACRO Edizioni, Cesena 2007

Vigna Carmelo, *Sostanza e Relazione (Una aporetica della Persona)* (in *L'idea di Persona*, autori vari), Ed. Vita e Pensiero, Milano 1996

Volpini Angela, *Resurrezione di Dio,* Ed. Tinelli, Voghera 1984

Volpini Angela, *La madonna accanto a noi*, Ed. Riverdito, Gardolo di Trento 1990

Volpini Angela, *Capire Maria*, Ed. Marna, Barzago di Lecco 2003

Volpini Angela, *Persona e Comunità. (Itinerario pedagogico soggetto-individuo-persona-comunità fondato sulla legittimazione delle Esigenze)*, Ed. Centro culturale Nova Cana, Casanova Staffora 2005

www.ingramcontent.com/pod-product-compliance
Lightning Source LLC
Chambersburg PA
CBHW060439290526
45791CB00002B/994